耶穌基督的啟示，就是神賜給他，
叫他將必要快成的事指示他的眾僕人。

啟示錄一章1節上

認知解讀
啟示錄

鄧紹光主編

基道出版社

▼

聖經研究叢書

認知解讀啟示錄

Understanding the Book of Revelation

主編
鄧紹光

執行編輯
李慧儀

裝幀設計
胡立強

■

出版 / 發行
基道出版社
香港沙田火炭坳背灣街 26 號富騰工業中心 1011 室
LOGOS PUBLISHERS
Unit 1011, Fo Tan Ind. Centre, 26 Au Pui Wan St., Shatin, Hong Kong
電話：(852) 2687-0331 傳真：(852) 2687-0281
網址：http://www.logos.com.hk

承印
陽光印刷製本廠

●

3/2002 初版
Cat. No. LP140A
ISBN-10: 962-457-205-4
ISBN-13: 978-962-457-205-6

Printed in Hong Kong

〈啟示錄：歷史考據的解釋法〉、
〈啟示錄詮釋〉及〈從啟示錄宣講和教導〉
這三篇文章乃出自
香港浸信會神學院出版之
《山道期刊》第六期 (2000 年 5 月)

刷次	11	10	9	8	7	6	5	4	3	2
年份	2023	2022	2021	2020	2019	2018	2017	2016	2015	2014

主編序

新約聖經啟示錄是一部奇書。所謂奇書，乃是就其文體之奇特、信息之精奇而言的。聖經眾多書卷，當然有書信體裁的，有先知宣講式的，有天啟文學的，但三種文體揉合一起而成一卷的，大概就只有啟示錄了。就信息而言，啟示錄有預言高峯的稱譽，是整卷聖經壓卷之作，與創世記遙遙相對，所言的卻是新的創造，新的開始。最終，就是開始。

有謂讀啟示錄有如讀天書，但奇怪的是，這天書卻吸引無數讀者，而遺憾的是，不求甚解的比比皆是，誤解的更是無日無之，難以斷絕。有謂上帝的言語，自然難解，深奧不測，於是也就合法化一切的錯解與誤解；更有甚者，對追求確當解釋都不以為然、嗤之以鼻。這樣的一種讀經心態，只會讓啟示錄蒙塵，光輝不顯。真正尊重啟示錄的，應當尋找合適的鑰匙，開啟其豐富的意義，以使上帝的心意得以顯明。

有謂啟示錄所傳遞的乃是上帝永恆之道，既是永恆之道，何必考慮甚麼文體、歷史等問題。這大概又是一種未經深思的言論。上帝既然使用文字傳遞信息，自然就帶有歷史文化的特殊性；上帝使用人的文字傳遞永恆但又適切當時處境的信息。這樣，上帝永恆之道就不是抽象普遍的真理，而是具體普遍的真理。然而，我們必須經由具體特殊方才可能進入普遍實在的真理。

文字本來就不是永恆的，但上帝使用人類的文字指向真理。這樣，我們就有需要重視文字的特殊性，包括文體、文化、歷史等；文字是這一切特殊性的聚焦之處。因此，如果我們以為文字是透明的，那就是聖化語言。又或是認為上帝之道可以徹底轉化文字而成透明的，那就表示上帝毫不尊重人類文字有限的特性。另一方面，如果過度高抬文字的特殊性以致不可能指向真理，從而把聖經完全約化為自閉的系統，那就忽略了上帝的真理可以如道成人身一般跟文字不即不離。

《認知解讀啟示錄》，編輯成書，背後的信念就是認為啟示錄是可以讀得明明白白的，只是沒有捷徑。在這裏我們特別從文體入手，因為這一直是過去研究啟示錄所忽略的重要環節。當然，我們也沒有忽略啟示錄於此時此地的意義。而事實上，啟示錄原來就不是揭示天上但與受造世界毫無關係的真理，反之，它首先針對的即為約翰當時的希羅世界：政治跟經濟的偶像化和淫亂、教會逐漸在紙醉金迷的生活中迷失自己，等等。

本書周兆真、周健文、黃儀章、胡志偉、龔立人的文章原係二〇〇〇年九月三日基道文字事工舉辦的「認知解讀啟示錄」講座的演講，現按講稿或錄音整理、增刪，並且收入《山道期刊》二〇〇〇年十二月卷三第二期沈志飛及孫寶玲的文章，進一步補充擴大，使得本書更為完整適切。求主在這昏亂的世代中使用本書，叫教會既重視又確切認知解讀啟示錄，不致被潮流的惡俗左右，迷失方向，失去見證。是所祈盼。

鄧紹光

二〇〇二年二月六日

目錄

啟示錄：歷史考據的解釋法

沈志飛(Jeffrey Robert Sharp)
香港浸信會神學院新約及靈修學教授

本文轉載自《山道期刊》第六期（2000年5月），
頁12～21。蒙允轉載。

新約學者韓德(A. M. Hunter)在其作品*Introducing the New Testament*中，以蘇格蘭學者鄧理(James Denny)的觀點介紹啟示錄：「啟示錄就像是一條隧道，儘管它的出口和入口都有光，但黑暗的長廊及內中的奇異事物，卻嚇怕了讀者，使他們感到困惑。」[1]一般的讀者也會深有同感。除了給教會的七封信(二～三章)，和最後兩章關乎新耶路撒冷的描述(二十～二十一章)富有啟迪的視像之外，在其餘的內容裏，奇特和懾人的影像只使得讀者感到困惑不解。一般的讀者怎樣了解這些內容？啟示錄裏奇特的篇章，對讀者有甚麼意義？又與啟示錄全書的開始和結束有何關係？

詮釋啟示錄的許多嘗試，已累積成幾個啟示錄的解釋系統。一般而言，啟示錄的詮釋者，會從下述四個方向中選取其一。而有關啟示錄的討論焦點，在於天啟的部分(四～二十章)。隨著詮釋者採納不同的詮釋系統，啟示錄的理解亦相互迥異。

在新約裏，啟示錄是其中一本最能激勵、提升和啟迪人的經卷。作者約翰[2]藉作品提醒讀者，邪惡終會被克勝，基督耶穌必會凱旋再來掌權，給予讀者安慰與鼓勵(包括所有在困境中努力活出信仰的信徒)。啟示錄所翹首眺望的光景，是神居住在人當中，祂要拭去一切眼淚，從此不再有死亡、哀哭和痛苦，因為舊的(罪中)世界和其中的事物都要過去了(啟二十一3、4)。這段經文是不能掉以輕心的。種種詮釋這段經文的方法，都聚焦在詮釋者感到對人有助益的元素，並強調其中的信息適用於基督徒羣體。

筆者將於本文嘗試：[3] 一、介紹和評論四個詮釋啟示錄的主要方法；二、評述第五個方法「兼收並蓄法」(eclectic approach)。這個方法嘗試整合四個方法的精髓，讓經文向現今教會說話。筆者認為，無論採用哪一個詮釋方法，都必須忠於作品的本質和目的。這固然不是件容易的任務，卻是必須的責任。啟示錄不應因為難以為人理解、甚至被人曲解，或因為有人穿鑿附會而成為一個遭荒棄的寶藏。只要有正確的鑰匙，神的話語就能為今天的信徒解開，其信息可以在今天再得聆聽。

解釋的方法

正如前文所述，詮釋啟示錄的方法，一般有四種。以下的論述將探討「歷史預測解釋法」(historicist)、「意念原則解釋法」(idealist)、「過去處境解釋法」(preterist)、「未來解釋法」(futurist)。

歷史預測解釋法 (The Historicist Method)

此法亦稱作「持續歷史觀」(continuous historical view)。按此進路的理解，啟示錄所描述的事件，如向七教會發出的信，並不限於第一世紀，也適用於自使徒時期起的教會(通常指西方教會)，一直至基督再來的時候。這方法的基本信念是，此書開始於作者的時期，終結在基督再來的時候，期間並沒有明顯段落，因此，詮釋者自應以整個過程為連續的教會發展史。啟示錄是標示歷史轉捩點的作品。

是故，宗教改革者認為，羅馬教廷是靠賴假教訓和欺詐的敵基督者。根據Robert Mounce所言，「啟示錄是以教宗、宗教改革、法國大革命、政治領袖如查理曼(Charlemagne)、墨索里尼等勾劃出西歐的歷史。」[4] 有說此法源於十二世紀的約亞謙(Joachim of Fiore，卒於1202)。[5]

這個解釋法有許多的支持者。但以教會歷史的發展來理解和詮釋啟示錄，亦招惹不少的評議。其中最致命的批評，是這個解釋法引起無盡的忖測和主觀看法。事實上，它的支持者往往不能在經文的象徵裏，從歷史中找到共識，這就説明了此方法是相當不穩定和主觀。[6] 郝勵志(Samuel Cartledge)認為：「每個詮釋者都致力將終末的時間放在自己身處的時代裏。所以，每一個新時代來臨之時，也就必然有新的架構。」[7] 倡議者之間既然眾説紛紜，便正好説明了這個詮釋法沒有一套用作界定事件的客觀準則。即便是保守的時代論者胡福德(John Walvoord)就曾説：「我們有多至五十個啟示錄的詮釋，每一個都在乎詮釋者身處的時代和處境。」[8] 這些分歧説明了問題所在；這個解釋法是相當主觀和隨意的。假如啟示錄真的是要陳列教會的連續史，那麼教會歷經二千年之久，應驗的形態早應了然，而歷史的具體應驗應該是清楚無遺的。然而，事實卻非如此。

要將歷史事件與啟示錄的內容配對，這個方法往往要徵用寓意解經法(allegorizing method)。正如前述，倡議此法的詮釋者一般將事件的配對限制在西方教會，甚少注視教會在東方的發展。這個進路不能滿意地解答為何來自神的先知預見，只可對應西方教會的情況。夏理遜(Everett Harrison)亦認為：「讓人困惑的是，神的靈將遙不可及的將來，具體仔細地向使徒時期的教會昭示。而這些事件與歷史的終末並沒有太大的關連。」[9] 如果原讀者按這個理論來了解啟示錄，實在難以理解他們怎樣可以對基督的再來抱有活潑的盼望。如果歷史是正確了解啟示錄的鑰匙，那麼過去千多年教會和政治的歷史知識是需要的。然而，大多數神的子民顯然沒有這方面的知識。這樣一本值得信徒注意的書信(一3；二11、17、29)會不會就此而掩藏呢？[10]

意念原則解釋法(The Idealist Method)

第二個方法稱為idealist method。因為它將書卷的信息靈意化，故亦可稱為「靈意解釋法」(spiritualist view)。按此論調，書卷的內容並非與任何特別的歷史事件有關。經文只是象徵著善惡持久的爭戰，直到基督再來。[11] 莊遜(Alan Johnson)認為，作為一個詮釋的系統，此法比其餘三個方法較為近代。同時，這個方法亦不易與亞歷山大學派的寓意法分辨(Clement , Origen)。一般而言，此法拒絕將啟示錄的內容視像，與將來的事件配對，那怕事件是屬於教會歷史還是歷史的終結。[12]

這個解釋方法最根本的貢獻，在於突出啟示錄是可以理解的作品。它正確地指出書中提及的衝突是宇宙性的。它體會神的手在人的歷史裏工作，亦接納神在世界的工作正邁向凱旋。這個解釋法的焦點，在於書卷對受嚴峻考驗的讀者的倫理和屬靈價值。換言之，詮釋者並不需要知悉作品背後的歷史，甚或原讀者的處境。畢竟，啟示錄不過是一本激勵苦難中信徒的作品，讓他們知道神的看顧，並且終末邪惡被征，萬物歸善。

不過，不少詮釋者對這個將書卷從歷史背景取出的進路，大大不以為然。對此法最猛烈的批評是，啟示錄本身是天啟式的文學體裁，[13] 而正如賴德（G. E. Ladd）曾論，天啟式的作品通常都是描述歷史裏的真實事件。[14] 同時，這個方法亦與經文的一些語句有所衝突。啟示錄作者說耶穌將指示他「往後」發生的事（四1；換言之，書中自有歷史、時序的結構。又如一19：「所以你要把所看見的，和現在的事，並將來必成的事，都寫出來。」）假如沒有對應真實歷史事件的時序，這些話語就似是重複多餘，而有關教會的講論（二～三章）也就是非歷史的（a-historical）了。[15]

過去處境解釋法（The Preterist Method）

第三種詮釋進路是「過去處境解釋法」（preterist method）。Preterist一詞源自拉丁文句*praeter*，意即「過去」。這個解釋法認為，經文裏的象徵和內容，只與作者身處的時代有關。詮釋的焦點，是第一世紀的處境。經文的中心，是羅馬帝國逼迫基督徒的場境，而作者所關注的，就正是這個衝突。作者書寫的對象，乃是當日的信眾，與後世的信徒並無關係。比方說，十三章的「獸」就是指「羅馬帝國和君王崇拜的祭司」[16]。啟示錄並沒有關乎將來的終末論。書卷的目的，只在於堅固和鼓勵第一世紀的教會。

對不少近代的釋經學者而言，這個解釋法主要建基於一個論點，就是啟示錄與當時的猶太天啟文學同出一轍，都是要鼓勵神的子民在逼迫中仍要堅貞不移。是故，當教會為國家或要求崇敬君王的勢力所威脅之際，作品的信息是「堅忍到底的，將會分享神的凱旋，戰勝那控制獨裁權勢的邪惡力量。」[17] 根據莊遜的研究，這個方法源自一個西班牙修士艾加撒（Alcasar，卒於1614年）的論點。[18] 時至今日，不同神學觀點的學者，也有不少是採納這「過去處境」觀點的。[19]

這個方法的洞見和貢獻，顯然是在於其重視作品的歷史處境。這是嚴謹研究聖經的基本原則，值得嘉許和堅持。倡議的學者，提供了許多亮光，讓使徒時期的情況，了然於現代讀者眼前。要了解啟示錄書信部分（即二～三章），這個解釋法是很重要的。然而一旦將作品限於第一世紀，這個方法「使作品對後世讀者而言，變成了沒有意義（除了提供早期羣體的資料外）。」[20] 對堅持此解釋法的詮釋者而言，最困難之處，還在於啟示錄裏所期望要發生的，事實上並沒有發生。羅馬政權並沒有在第一世紀被神所推翻，自然，信徒亦沒有分享所期盼的凱旋。

除此以外，啟示錄裏有不少的「先知講論」[21]。先知講論所指的，都是遠離約翰時代的課題（即基督再來和世界萬物的終局）。將啟示錄的信息和焦點局限於第一世紀，是把作品壓縮，並否定其中的先知性質。基督終末的再來（並其光榮）是全書的中心和目的，重點並非在約翰身處的時代。事實上，全書最終的意義，只實現於基督再來的時候。根特利（R. H. Gundry）指出：「『過去處境解釋法』（preterist view）為了現代社會的需要，於是也訴諸『意念原則解釋法』（idealist view）以挽救作品的意義。」[22]「過去處境解譯法」提醒現代讀者啟示錄的歷史背景的重要。這是必須、也是詮釋者不能忽略的一點。但不經修訂的「過去處境」觀點，並不能解釋作品的先知式和終末式的焦點，也難以避免扭曲經文的意思。是故，不少詮釋者認為約翰所描述的事件，遠超過他身處的第一世紀，他們自然不能完全同意這個解釋進路。[23]

未來解釋法（The Futurist Method）

「未來解釋法」的論者，大都認為從四章起，啟示錄擺放的終末事件，將會在基督再來並建立其千禧國度前實現。論者認為六章至九章所描述的終末時期，是以七年為期的「大患難」（七14；參但九24～27）。但各論者對將來事件的次序都有不同的見解，特別是「被提」的本質和與「大患難」的關係（林前十五51～57；帖前四13～18）。在接受七間教會的歷史特質的同時，論者亦認為這七封信對教會歷史而言，有一定的先知預言的質素。[24]

「未來解釋法」的論者固然認定啟示錄的先知特質，而作品亦明顯著眼於將來的時序和角度。它的中心和統一主題是基督的再來。論者強調啟示錄的詮釋必須以基督再來的亮光來了解。滕慕理（Merrill C. Tenney）說：「無論人怎樣解釋那些象徵，作品的整體指向並包含全地的審判和神的城市的建立。所有的歷史事件既是接連引向這個終點，讀者可以倒向思想，就看出這些事件仍然是將來的——因為事件所關係的終局還未來到，也因為啟示錄裏的象徵，似在於召喚事件速速發生，而不在於勾劃過程。」[25]

「未來解釋法」的論者認為此進路配合整個聖經的預言模式，而後者其中兩個中心是耶穌兩次的來臨。建基於第一次來臨之史實，啟示錄期盼第二次降臨的時間。此法並不全然同意過分的寓意解釋法。在認定象徵式語言的同時，論者傾向盡量從字面解釋：「愈著重字面的解釋，愈被視為未來解釋論者。」[26]

對於未來解釋法的論調，批評者常認為「此法將作品對早期、甚至往後的基督徒的意義全部勾銷，只對最終末的信徒才有意義。」[27] 這個批評似乎假設先知的講論如果不處理信徒身處的時代，那就毫無意義。不過，許多聖經的先知講論仍然是有待實現的，那並不表示這些講論對現世信徒沒有意義。以彼得後書三章10至14節為例，作者顯然相信這些講論即使發生在遙遠的將來，對信徒仍有實際的意義。根特利強調：「啟示錄的意義，在於每一代都可能看見作品得以成就。」[28] 重點不在於究竟先知的預言是否立時得到實現，而在於它的重要性是否因神未來計劃的亮光，得到重視和欣賞。

另一個批評是，這解釋法將啟示錄的大部分經文劃成為短促的末時。評者認為千多年的歷史只輕輕略過，單鋪敍這幾年是不太可能的。然而，未來解釋論者卻指出先知講論的本質，正是略過中間的時期而聚焦在終末。史密斯 (J. B. Smith) 論稱：

> 這不正是聖經的先知講論嗎？「我又要叫你和女人彼此為仇，你的後裔和女人的後裔，也彼此為仇，女人的後裔要傷你的頭，你要傷他的腳跟。」(創三15) 這不是有待實現的彌賽亞終極凱旋的預言嗎？但以理書　一再提出先知講論是指著「終局」(但七26，九26、27，十一13、27，十二8、13)。
> 主在橄欖山的講論，不是指著時間的終結，即基督將臨的再來嗎？(太二十四3、14) 又如：保羅向帖撒羅尼加人講述罪；彼得解釋末日離教叛道之事；保羅在提摩太後書三章的終末講論，與及有關復活之章(林前十五)。這些都是必須以將來的角度詮釋。是故，聖經備有一卷指向有待在終局實現的先知講論，這並不是不可以理解的。這個終局將會是叛逆神的終結，是公義國度的開始，也是所有公義之人所盼望的。[29]

如果未來解釋法不是太著重字面意義的話，又能考慮作品裏一世紀讀者的處境，這也許是四個方法中最好的一個。因為它看重啟示錄裏先知講論的層面，並作品的中心——基督再來及神整頓整個宇宙。

總結

四個解釋方法可謂各有道理，亦各自有出色的學者倡議支持。一些神學和歷史的原因，導致不同的方法見於不同的教會歷史期段裏，得著不同的詮釋者所偏愛。

前述的理由所示，「歷史預測解釋法」及「意念原則解釋法」的弱點最明顯。「過去處境解釋法」頗能重視一世紀的處境，卻未能充分處理作品中先知的講論，而啟示錄其中的部分，不少是未能在作者的生活裏實現的。將作品與猶太的天啟文學相聯並不盡如人意，因而不是拒絕作品內將來的元素的基礎。持平的「未來解釋」觀點是值得推薦的，因為它既能重視歷史背景，亦不失去約翰作品中將來的元素。然而，將七間教會解作教會的時段，根據前述的原因，終歸還是讓人疑惑的。是故，這個方法亦是站不住腳的。最好的模式，應該能解釋歷史處境，但仍視啟示錄四至二十二章(特別是印、號及碗的象徵)是與終局有關連的。這樣一個解釋方法最能了解三章10節，並曉示那將要來到地上的災難，是大於史上任何的記載。雖然讀者不必接受「未來解釋法」旗幟下所有的方法，但「未來解釋法」仍是詮解啟示錄最合宜的進路。

兼收並蓄解釋法 (An Eclectic Method)

在結束本文之前，筆者提出一個「兼收並蓄解釋法」

(eclectic method)。這個方法與上述的「未來解釋法」有許多共通之處。然而，它是持平的「未來解釋法」，且收納其他方法的優點。

啟示錄無疑是為第一世紀的處境寫作(二～三章)的，其目的在於以基督的凱旋和神的主權來安慰和堅固當時的信徒。不過其時信徒的掙扎，也是各時各地信徒不斷面對的(參上述「意念原則解釋法」的討論)。第一世紀信徒所學的功課、所領受的應許，對所有信徒也是適切的。因為歷史是朝向一個終局，書中自然有將來終末的鬥爭。

筆者認同賴德的觀點，解釋啟示錄的上佳方法，莫如結合「過去處境解釋法」(preterist)和「未來解釋法」(futurist)，再加上小心地運用「意念原則解釋法」(idealist)：[30]

> 那獸既是羅馬，也是終末的敵基督者。當然，我們還要加上整個教會歷史 所面對的邪惡勢力。大災難基本上是終末的事件，但也包含教會經歷到的來自世界的災難，不管是第一世紀的羅馬政權還是後世的邪惡力量。

啟示錄一書是歷史、先知講論和天啟。它也是正典經書，是神的子民面對挑戰時的鼓勵，好使他們能忠心、順應神的旨意而活。要達致一個滿意的解釋，似乎要包含多於一個解釋方法的元素。詮釋的起始點，應該是作品所對應的教會處境，此外，亦應以開放的態度探究啟示錄的每一部分，探索其與整書卷和聖經其他部分的關係。每段經文必須以其本身的上下文理解。如果我們要了解這個作品，穿鑿附會是不合宜的。上述各觀點的倡議者有不同的結論，這些我們未必盡能認同，但若能仔細研習，總有可供學習之處。

願神賜我們嚴謹的思考和順服的心靈，能聆聽神透過這豐富和特別的書卷向眾教會所說的話。

(翻譯：孫寶玲)

註釋：

1 參A. M. Hunter, *Introducing the New Testament* (London: SCM Press, 1945), p.188。

2 有關啟示錄的作者是否使徒約翰，這委實是個難題。根據教父傳統的外證和約翰次經（Apocryphon of John）的資料，作者很可能是使徒約翰。但作品的內證卻不利於這個觀點，儘管這些質疑並非不可以處理。參Donald Guthrie, *New Testament Introduction,* rev. ed. (IL, Downers Grove: Intervarsity Press,1990), pp. 932～948; Robert H. Mounce, *The Book of Revelation*, The New International Commentary on the New Testament (Grand Rapids: Eerdmans, 1977), pp. 25～31。

3 欲攝取更多資料，讀者可參釋經書或單行本有關啟示錄詮釋歷史和例子的討論。如R. H. Charles, *Studies in the Apocalypse* (Edinburgh: T & T Clark, 1913, 1915)。作者在這書中處理的詮釋歷史，要比他的釋經書來得詳細。亦參Arthur W. Wainwright, *Mysterious Apocalypse: Interpreting Revelation* (Nashville: Abingdon,1993)。在其作品中，Wainwright將啟示錄的詮釋歷史與教會歷史相提並論，並介紹考據方法怎樣探研啟示錄。此外，作者亦論述啟示錄中重要的主題。就啟示錄的釋經書，讀者可參Alan F. Johnson, 'Revelation'，載 *The Expositor's Bible Commentary* XII (Grand Rapids: Zondervan,1981), pp. 408～413。Johnson撮述了主要進路，亦將過往的釋經書以詮釋法分類。Mounce, *Revelation*, pp. 39～45; Isbon T. Beckwith, *The Apocalypse of John* (New York: MacMillan, 1919),

pp. 318～336; Gregory K. Beale, *The Book of Revelation*, The New International Greek Testament Commentary (Grand Rapids: Eerdmans, 1999), pp. 44～49; Vincent Cheung, *Commentary on Revelation* (Hong Kong: China Alliance Press, 1990), pp. 332～337。

4 Mounce, *Revelation,* p. 42.

5 Johnson, 'Revelation', p. 409.（編按：Johnson書中約亞謙一詞為Joachim of Floris）

6 George Eldon Ladd, *A Theology of the New Testament,* rev. ed., ed. Donald A. Hagner (Grand Rapids: Eerdmans, 1993), p. 672。亦參John F. Walvoord, 'Revelation' 收於 *The Bible Knowledge Commentary*, John F. Walvoord 及Roy B. Zuck eds (Wheaton: Victor Books, 1983), p. 926。

7 Samuel A. Cartledge, *A Conservative Introduction to the New Testament* (Grand Rapids: Eerdmans, 1938), p. 171.

8 John F. Walvoord, *The Revelation of Jesus Christ, A Commentary* (Chicago: Moody Press, 1966), p. 19.

9 Everett F. Harrison, *Introduction to the New Testament,* rev. ed. (Grand Rapids: Eerdmans, 1971), p. 463.

10 新約學者認為向七教會發出的信，背後實有適切當時教會的具體事件因由。書目見Beale, *Revelation,* pp. 223～310。亦參William M. Ramsey, *The Letters to the Seven Churches of Asia and Their Place in the Plan of the Apocalypse* (London: Hodder and Stoughton, 1909); Colin J. Hemer, *The Letters to the Seven Churches of Asia in Their Local Setting,* Journal for the Study of the New Testament Supplement Series 11 (Sheffield: JSOT, 1986); Edwin M. Yamauchi, *New Testament Cities in Western Asia* (Grand Rapids: Baker, 1980)。

11 如J. A. M'Clymont就強調，「最安全和正確的詮釋，就是以之為重要原則之象徵表達，而不是一大堆的預測。」載 *The New Testament and Its Writers* (NewYork: Revell), p. 155。

12 Johnson, 'Revelation', p. 410.

13 見筆者本書中另一篇文章〈啟示錄詮釋〉。

14 Ladd, *Theology,* pp. 672～673。亦見Mounce, *Revelation,* p. 43。

15 正如下文所論述，啟示錄一書強調本身是「先知講論」(prophecy參一3，二十二7、10、18、19)。剔減了這個特色，意念原則解釋法就與啟示錄的自我稱謂不符。就算是此論的倡議者，也承認啟示錄有預言基督再來、復活和審判的重點。這個論點不容於歷史文法詮釋法。

16 Johnson, 'Revelation', p. 409; Ladd, *Theology,* p. 670及*Revelation,* pp. 12～13。

17 Mounce, *Revelation,* p. 41.

18 Johnson, 'Revelation', p. 409.

19 比方，新約學者Werner Georg Kummel在他的作品裏曾言:「啟示錄是屬於自己時間的作品。它成書於特定的時空，亦為這個時空、而不是為遠處將來的世代和終局而寫。它是有其處境的作品(*Gelegenheitsschrift*)，一如其他新約書信一樣。是故，要了解啟示錄，必須將之放在其歷史處境裏。見*Introduction to the New Testament* (Nashville: Abingdon, 1966), p. 324。Alan Johnson羅列福音派中有同樣意見(Preterist-Future)的學者，如G. R. Beasley-Murray, George Eldon Ladd, F. F. Bruce, Leon Morris及Robert H. Mounce，參Johnson, 'Revelation', p. 412。

20 Leon Morris, *The Revelation of St. John* (Grand Rapids: Eerdmans, 1969), p.16.

21 注意啟示錄一直以「先知講論／預言」(prophecy)自稱(參一3，二十二7、10、18、19)。學者Wikenhauser堅持作者「是個先知，其先知意識貫穿全書。」收於其*New Testament Introduction* (New York: Herder & Herder, 1958), p. 545。

22 Robert H. Gundry, *A Survey of the New Testament* (Grand Rapids: Zondervan, 1994), p. 366.

23 Johnson, 'Revelation', p. 409。亦參前註19。根據Ladd, *Theology,* p. 671, preterist的詮釋部分是基於啟示錄的文學體裁與猶太天啟文學如《以諾啟示錄》、《摩西升天記》、《以斯拉四書》及《巴錄書》相若，是故解釋亦應相仿。然而啟示錄既是天啟式、也是先知式的。雖説啟示錄與猶太天啟文學相似，亦有相異的地方。有關啟示錄的獨特處，參筆者本書另文〈啟示錄詮釋〉，特別註9及10。

24 參上述有關歷史考據法的討論。

25 Merrill C. Tenney, *Interpreting Revelation* (Grand Rapids: Eerdmans, 1957), p.142.

26 Tenney, *Revelation.*

27 Morris, *The Revelation of St. John,* p. 18.

28 Robert H. Gundry, *A Survey of the New Testament* (Grand Rapids: Zondervan, 1994), p. 368.

29 J. B. Smith, *A Commentary on the Book of Revelation — A Revelation of Jesus Christ* (Scottdale: Herald, 1961), pp. 149～150.

30 Ladd, *Revelation,* p. 14.

啟示錄的象徵世界

周兆真
信義宗神學院新約副教授

啟示錄的象徵世界

這篇文章的題目是啟示錄的象徵世界。所謂象徵，即是以圖畫性語言講解，以期讓讀者在比較 (comparison) 象徵和實體事物的過程中，可以對事情得到更加深刻的印象。廣義來說，象徵性語言 (figurative language) 包括了符號、隱喻 (metaphor) 和形象 (imagery) 等。[1]本文主旨即在探討啟示錄引用的符號語言，探究這些符號語言指涉的意義。啟示錄書中符號語言頗多，譬如羊代表耶穌基督，而龍則指魔鬼。倘若讀者對書中的符號語言沒有認識，不知道羊代表基督，便會產生疑問。從前外人不知基督徒舉行聖餐時，以餅和酒代表基督的身體和祂的寶血，便說基督徒晚上躲起來一起吃人肉、喝人血。這全是因為不明白教會禮儀所用的象徵性語言的原故。

象徵性的語言，不單存在於二千年前，今天亦然。交通符號便是最好的例子之一。從未接觸過交通符號的人，根本沒有可能知道這些符號的意義，必定需要別人為他解釋，不然他便諸多猜測。若他的想像力豐富，自信心又好，他甚至可能自告奮勇為別人解畫，但所說的可能全不正確，嚴重者不單害了自已，也誤導他人，甚至喪生輪下。

象徵性語言有如一面用作觀察或是幫助透視的鏡片，通過這塊鏡片，讀者可對真象看得更加清晰。不久之前，筆者眼鏡的鏡片常常鬆脫，卻不知道只要收緊鏡框的螺絲便可修理妥當，於是每次鏡片鬆脫，便小心奕奕放回框內，如是者經歷十數次。一個晚上，我開車送一位同工到機場，回家後覺得家中的東西都像有點不妥，四周好像跟平日不同。初時以為眼鏡片髒了，於是脫下眼鏡，打算要抹抹鏡片，怎料抹的時候，卻摸到自己的手指，原來鏡片已掉下了。沒有了鏡片，看的東西都不同了。啟示錄書中象徵語言極多。要明白啟示錄，讀者就要進入啟示錄的象徵世界，帶上研讀啟示錄的鏡片，才會避免無謂的臆測。舉例來說，啟示錄一章中說人子的頭與髮皆白如羊毛、如雪；眼睛如火焰，腳如爐火中鍛煉光明的銅，聲音如眾水的聲音，面貌如烈日放光。究竟人子是甚麼樣子的呢？一次上啟示錄課時，筆者請同學試試將啟示錄中的描述和意象等用圖畫畫出來。負責畫人子樣貌的同學，畫出一個眼睛噴火的人來，這人的腳瓜粗壯，面貌如日頭，加上口裏有一把劍的形象。這雖是出於經文，但卻不能說人子和基督便是這樣子的了，因為這些完全是象徵性的描述。人子的頭髮不是雪，人子的眼也不是火，面貌不是太陽。希臘文*hōn*一字中文譯作「如」字，是讓讀者認識這個描述是要講明人子是多麼的高貴、多麼超然、有權柄和能力。又以啟示錄五章為例。此處說基督是被殺的羔羊，有七眼、七角，若不認識教會的外人，讀到這裏，或會誤解基督教所相信的神是一個羊神也說不定，而基督教也成了拜羊的宗教了。但處身教會裏面的人則會辯說：「被殺的羔羊，是指耶穌基督被釘十字架，受苦受死，祂的寶血將我們從罪惡中拯救出來，羊是救贖萬民的象徵，而不是代表羊神之意，而七隻眼則表明祂的全知，七隻角是說祂的能力，因此祂才配得打開那七印」。這正是啟示錄五章要說的話。

在啟示錄的象徵語言中，有些是為人熟悉的，好像燈臺代表教會（一20），但啟示錄使用的象徵還有許多，就是動物也不單是羊，還有獅子、獸、龍、鷹等；其他還有顏色：如白、紅、灰，黑等都有代表性意義。譬如在啟示錄中得救的信徒不穿紅色衣服，卻穿上白衣，這是甚麼意思呢？因為紅色是屬於魔鬼的（啟十二3，十七3）。顏色具有象徵意義，因此看到外表，便可以想像到內在和本質。不單顏色和動物具有象徵性意義，連城市也是一樣。啟示錄說到兩個重要的城市，一個是巴比倫大城，一個是從天降下的新聖城耶路撒冷，並以「婦人」來形容這兩個大城。巴比倫大城是個大淫婦，而天上的耶路撒冷卻是耶穌基督的新婦。此外，讀者也會發現啟示錄裏有許多數字，例如六百六十六、七、一百四十四、十四萬四千等，這些數字也有象徵和代表性，假如因為啟示錄七章1至8節或十四章1至5節兩段經文，讀者以為天上得救的人只有十四萬四千，那就錯解經文了，因為十四萬四千這個數字是有代表性和不能照字面取義的。啟示錄二十一章說新城耶路撒冷的城牆是一百四十四肘，又說一百四十四肘是天使的尺寸，啟示錄十三章18節說獸的數目是六百六十六，又說這是人的數目。究竟天使的尺寸和人的數目有何指涉，今天的讀者也許不能明白，但應當記得啟示錄原來不是為今天的讀者寫的，作者寫書的對象是小亞細亞的七教會；你我不明白，因為我們對啟示錄的象徵語言沒有認識，不過，七教會的弟兄姊妹卻一定明白，因為約翰所有的符號語言，正是他們當時熟悉和慣用的用語。[2]

象徵語言是傳遞信息的媒介。其實說話、文字，都是象徵，都是符號，讀者必須認識這些象徵符號，不然便沒可能明白當中的意義。面對不懂廣東話的人，演講者以廣東話演講可說是對牛彈琴，聽講者也必定如坐針氈，很想離開。同樣，換上另一個人，用另一種語言對我們演講，他的說話（符號）對我們這些不懂的人也是一點意義都沒有的；但對懂得的人，意義就十分不同了。

啟示錄中的象徵語言源自何方？舊約聖經是一個主要來源。啟示錄的象徵語言不是憑空想像出來的，憑空想像出來的象徵對約翰是沒有用的，因為他寫書的目的是向讀者傳遞信息。要有效傳遞信息，約翰便一定要使用讀者舊有的知識，加上新的事物，才能有效。因為要是所講的完全是新的事物，讀者是沒有可能明白所傳的信息的。只有在舊有的知識上加上新的東西，讀者才能掌握，並在其有限的知識領域上向前跨出一步。啟示錄使用的象徵性語言，早見於舊約聖經，例如以西結先知說到整個山谷裏都是枯了的骨頭（結三十七章），他的目的不是介紹山谷裏的枯骨，而是以枯骨代表以色列，幫助讀者想像當時淒涼的情景。類似的例子也可見於詩篇，如在六篇中大衛說他每夜流淚以至枕頭浮起。這是沒有可能的，誰會哭到枕頭浮起呢？但讀者不能說他的話不真，因為大衛在這裏講的是意境，說到自己的淒涼。按著字面去解釋，顯然沒有人能明白他的說話。詩篇二十二篇的作者說：「我心在我裏面如蠟鎔化」。人心不是蠟造的，卻會溶化，讀者可以捕捉作者想要表達的心情，他實在是多麼難過。詩篇十九篇五節說：「太陽如新郎出洞房」，這是一句象徵性的語言，若有人說：太陽既然好像新郎，那麼新娘是誰呢？於是便刻意找出誰是新娘，這就完全錯了，因為經文根本不是要說這些東西。讀啟示錄也有同樣的問題，如啟示錄二十章3節說上帝囚困魔鬼一千年，一千年之後便放了牠，但聖經沒有告訴這是甚麼原因。讀者卻在此窮追不捨，必要找個水落石出。為甚麼神既然囚了魔鬼，卻又放牠出來？放牠出來做甚麼呢？好些註釋書說放牠出來就是要將在這一千年中陽奉陰違和做假信徒的人揭露出來。[3] 這些似是而非的解釋，只可令人搖頭輕嘆，因為經文根本沒有提供解釋，只是人以其豐富的想像力，猜估上帝心意。但這真是作者的原意嗎？照筆者的研究，這個問題根本不是經文的焦點所在。[4] 正如讀到太陽如新郎出洞房，卻偏要問為甚麼新娘不出來和誰是新娘等問題，便是遠遠離開了經文原來要表達的意思了。

啟示錄的真正世界

了解啟示錄的真正世界（歷史和成書背景），才能進入啟示錄的象徵世界。簡單說，啟示錄約在公元九十年成書，正是羅馬帝國推行君主崇拜高峯期。自奧古士督（主前27～主後14年）開始，提比利亞（主後14～

37年）、卡里古拉（主後37～41年）、革老丟（主後41～54年）、尼祿（主後54～68年）等羅馬皇帝，都有實施君主崇拜。有時由上而下，君主強逼國人敬拜君王；但也有由下而上，臣下為了奉承君王，要求替君王建廟和鼓勵君主崇拜的。[5] 約翰寫啟示錄的時候，正值多米田（Domitian）作羅馬君王，當時的情況可能和一些研究聖經學者所說的一樣，羅馬帝國未必已大規模逼害教會，[6] 卻不是說沒有壓力。[7] 啟示錄明顯表明當時教會正是遇到逼害：如別迦摩教會的安提帕被人殺了，士每拿教會還在患難之中；啟示錄六章又說祭壇下有很多被殺的靈魂，哀求上主為其伸冤，加上約翰本人正被人放逐拔摩島上，凡此種種，皆證明當時教會正處身在壓逼下，為了信仰，信徒要作生與死的選擇。

另一方面，羅馬社會邪術盛行，道德腐敗。使徒行傳記載保羅在雅典時見到一個壇，敬拜未識的神；羅馬書一章19至32節描述希羅社會宗教和道德的敗壞；啟示錄九章20至21節說那些拜偶像，行邪術和作惡的人在號聲和災難中仍不悔改；十八章23節又說萬國被巴比倫的邪術迷住了，二十一章8節則說行邪術和拜偶像的都要丟在火湖裏，二十二章15節又說拜偶像和淫亂的不可進入新城耶路撒冷。Hans Betz 的《希臘咒語》一書，[8] 收集了主前和主後一、二世紀記載在蒲草紙上的魔術咒語，顯明邪術在當時社會風行的程度。教會又怎樣面對這方面的誘惑和壓力呢？啟示錄二和三章記載教會內有異端和假先知的出現，當中很多人對罪惡作出妥協，變得不冷不熱，甚至吃拜偶像之物，跟隨了淫婦耶洗別，只是還不儆醒。他們沾污了衣服——靈魂十分污穢——卻還沾沾自喜，以為發了財。老底嘉教會，便是一個明顯的例子（啟三14～18）。不過，教會中仍有忠心之士，他們只要略有一點力量，仍會遵守上帝的道，但已到了孤身作戰的境況（啟三8）。

就在這樣的處境下，約翰寫下了啟示錄，為甚麼約翰使用象徵性語言呢？是因為他怕直接說出批評政權的話，會被羅馬政權捉殺嗎？這不是理由，因為從書中可見約翰對死亡的看法：他認為殉道就是得勝，被殺的羔羊正是一個例子。在啟示錄十二章11節裏約翰說，弟兄勝過魔鬼是靠羔羊的血與自己見證之道，對他來說，死亡和殉道正是戰勝魔鬼的時刻，所以他並不怕死。然而為何他要使用象徵性語言呢？

象徵語言的作用

約翰使用象徵性語言，因為象徵性語言在表達方面比一般說話更有力量和清晰。舉個例子，啟示錄十三章說到一隻生有羊角，但聲音卻像龍的獸。這是假先知的表徵，因為假先知也是外面好像救主（羊），裏面卻是屬於魔鬼的（龍），他們在人前表現很好，但實則是替魔鬼作工，這樣的表徵實在比直接說及假先知來得更生動，也給讀者留下更深刻的印象。

啟示錄的象徵性語言對讀者有震撼性的影響。正如前述，這些象徵性語言不是作者憑空自製的。凡文字作品皆有體裁，認識啟示錄屬於天啟文學的體裁是非常重要的，因為讀者對作品的理解和期望往往由體裁而定。以開會紀錄為例，如果教會的會議紀錄在交代何月何日開會後，還記下開會時甲某說：「唉！對不起，遲到了！」跟著乙某水杯的水險些瀉溢在桌子上，然後主席說：「坐低吧，不要浪費時間，開會吧！」丙某又隨後說：「還是先去洗手間！一會兒不用去，免防礙開會過程。」讀到這裏，讀者會問這算是甚麼會議紀錄，因為在讀者心目中，會議紀錄是有其獨特形式(體裁)，不是這樣寫的。不單如此，體裁還調校了讀者對文本的理解，甚至因之而來的行動。當讀者聽到說：「從前有個小姑娘住在樹林裏，每天很開心快樂，因為在她的門外有很多螞蟻每天跟她談天和玩耍。小姑娘很喜歡那些螞蟻，可是她不知道它們是女巫派來的。」這段話明顯屬於寓言故事體裁。假若讀者對此一無所知，卻硬要去找會說話的螞蟻，那就錯了，因為會說話的螞蟻只是寓言故事中的產物，讀者知道在現實世界中根本沒有這樣的東西。由於認識故事的體裁，故對文章的內容所指涉的，也有正確的了解。筆者小時候讀《小人國與大人國》這個故事(*Gulliver's Travels*)，以為真有小人國大人國，常常想著若能碰到書中的人物就好了，結果當然是失望。聰明一點的讀者會說，小人國和大人國只是冒險故事而已，並不是真的。這樣的了解確是進步了，但若只停留於此，則仍然完全誤解作者的寫作目的和故事內容，因為小人國與大人國的故事，是作者藉此體裁諷刺當時英國政壇上的人物和事情。[9]若讀者不曉得作者以此來傳遞的信息和政治理想，則只會讀到一個冒險故事，或是真的去找小人國和大人國，這便遠遠偏離了作者寫作的目的和誤解作者的原意了。體裁十分重要，要明白啟示錄，讀者必須曉得啟示錄屬於天啟文學體裁。天啟文學在主前二世紀盛行於猶太地，其根源可見於舊約聖經和近東的類似著作，當中充滿著象徵性語言。

下述正是針對啟示錄中這類的說話，目的是希望幫助讀者戴上解讀啟示錄的鏡片——即認識象徵意義的鏡片——來讀啟示錄，這樣就不會那麼容易走差，不會那麼容易被不同的說話動搖，以致去找會說話的螞蟻。同時，我們也要認識到啟示錄的信息，不單是說及末後的事情，也是跟信徒今天的生活息息相關的。

奇怪的動物——惡者必要滅亡

天啟文學中常有奇怪動物的出現。但以理書記載但以理說：「我夜裏見異象，看見天的四風陡起，颳在大海之上。有四個大獸從海中上來，形狀各有不同：頭一個像獅子，有鷹的翅膀；我正觀看的時候，獸的翅膀被拔去，獸從地上得立起來，用兩腳站立，像人一樣，……又有一獸如熊，就是第二獸，……此後我觀看，又有一獸如豹，背上有鳥的四個翅膀；這獸有四個頭，又得了權柄。其後我在夜間的異象中觀看，見第四獸甚是可怕，極其強壯，大有力量，有大鐵牙，吞吃嚼碎，所剩下的用腳踐踏。這獸與前三獸大不相同，頭有十角。我正觀看這些角，見其中又長起一個小角……這角有眼，像人的眼，有口說誇大的話。」(但七2～8) 究竟但以理書所講的獸是甚麼東西呢？但以理在同章17節解釋說：「這四個大獸就是四王，將要在世上興起。」讀者才明白原來這些獸和角等，都是說及當時的帝國帝王和政治勢力，原來這些動物都是有象徵意義的。

啟示錄十三章1至2節說：「我又見一個獸從海中上來，有十角七頭，十角上戴著十個冠冕，七頭上有褻瀆的名號，我所看見的獸；形狀像豹，腳像熊的腳，口像獅子的口。」在十七章裏約翰解釋說：「你所看見的獸……，就是七王，五位已經傾倒了，一位還在，一位還沒有來到……你所看見的那十角，就是十王。」(啟十七8～12)這和但以理書所說的動物象徵意義一樣，是指地上掌管政權的侵略者。姑勿論啟示錄所說的獸和王是指誰，明顯他們不是指怪物，而是象徵著當時或是過去以色列的侵略者。

舊約偽經以斯拉四書跟啟示錄成書的時間相仿，內中作者託舊約出名的文士以斯拉的名，說在異象中見到一隻大鷹，有三個頭十二個翅膀，翅膀下生有八對倒生的翼，大鷹的身體能說話，他的每個翅膀都是不同時代的統治者，最後大鷹被消滅了(以斯拉四書十一章)。究竟這奇怪的大鷹是甚麼東西呢？在以斯拉四書十二章中，作者解釋說：鷹就是但以理書中的第四個國，不過但以理沒有明說清楚，所以現在由他解釋。以斯拉以鷹代表羅馬帝國(以斯拉四書十二10～34)。這樣對以動物(飛禽)來代表政權實在和上述但以理和啟示錄二書所見的相似。不錯，因為以斯拉四書也屬天啟文學。

基於上述對但以理書、啟示錄和以斯拉四書等天啟文學特性的理解，讀者應留心下述幾點。第一，原來天啟文學在一世紀時，竟是如此普遍，今天的讀者不明白的符號語言，對一世紀的讀者來説卻並不陌生。[10] 第二，啟示錄和以斯拉四書的作者，都受但以理書的影響，他們還和但以理一樣用動物的生死來指朝代的興替或當時的政權。第三，啟示錄的獸是指當時的羅馬統治者，是以色列民族的敵人，是惡勢力的代表，其貌醜惡，可見牠權勢極大，但今天的讀者要是對此不曉得，偏要找尋這些動物，那就大錯了。因為啟示錄的原讀者——一世紀信徒——絕對不會有這樣的理解。

另一方面，不論是但以理書，或是啟示錄和以斯拉四書，都以這些邪惡動物和人子相對和相比。以斯拉四書十一和十二章描述大鷹，十三章便隨即說人子回來消滅所有敵人；啟示錄十九章則記人子回來消滅雙獸；同樣，但以理在述説獸的樣子和遭遇後，隨即便説人子要得權柄駕著天雲而來，使各方各族的人事奉他（但七13）。啟示錄用啟示文學中慣用的象徵語言，以獸和兇惡的動物代表侵略者，他們霸佔以色列的土地，以權勢來壓逼和干預選民的信仰。在啟示錄作者的眼中，這等害人的政權不論今天有多風光，他們總要滅亡，就算是搜刮民脂民膏和得到全地敬拜的羅馬（巴比倫），結果也是被扔在火湖裏滅亡。因此，信徒若向罪惡作出妥協，在地上或許可以保存性命，但在天上卻不再有份。這等人逃不過上帝公義的審判，他們的歸宿是火湖。親近、縱容、姑息和與罪惡妥協的人，他們於世界是生，但對上帝卻是死；相反，敬拜上帝的人，世人看來是死，卻跟上帝作王。這正是啟示錄中說到動物時要帶出的信息，它與信徒今天的生活息息相關。

半人半獸——魔鬼稱神

啟示錄裏有很多動物，但也有奇怪的爬蟲和昆蟲，如青蛙（啟十六13）和蝗蟲（啟九3～12）等。啟示錄九章說蝗蟲住在無底坑，牠們由無底坑上來，臉面好像男人的臉面，頭髮像女人的頭髮，牙齒如同獅子的牙齒，尾巴卻像蠍子的尾巴。這完全是違反自然的表現。還有，蝗蟲本來是吃植物的，但這些怪蝗蟲卻要吃人；甚至和蠍子一樣螫人，使人受創。照猶太人的信念，蝗蟲沒有領袖（箴三十27），但這些蝗蟲卻有領袖，牠們不但形狀像馬，而且還千軍萬馬，有如出戰的軍隊一般；牠們不單樣子像人，還做著一些人類的工作，因此，牠們明明生活在獸的世界，卻有人類世界的一面。啟示錄十三章說從海裏上來的獸，有著獸的樣子，形狀像豹，腳像熊的腳，口像獅子的口，但卻有人的數目；此外，從地中上來的獸也是一樣，牠有兩隻角，如羊羔，說話像龍，但卻做買賣，做人類的工作，還有權柄阻礙他人進行買賣呢！在約翰的描述裏，這些半人半獸的動物和昆蟲樣子可怕，但他卻又說牠們做人的事，究竟約翰要表達甚麼呢？

在啟示錄中，這些半人半獸的東西顯然都扮演著魔鬼的角色。啟示錄中魔鬼的工作就是欺騙和迷惑世上的人(啟十二9，二十3、8、10)，這正和創世記三章記載魔鬼欺騙始祖的情況相似。在一世紀的教會裏，很多人也被迷惑了，老底嘉、以弗所和很多教會都先後被欺騙了，他們走了魔鬼的路，但仍然以惡為善。其實魔鬼今天仍在騙人，仍在施其迷惑手段，使人背棄真神。

此段標題說「魔鬼稱神」，即是說魔鬼要取代上帝。啟示錄十二至十三章，提及一條龍、二頭獸，一龍二獸是一個三的組合。啟示錄中有很多數字，這些數字都有特別的代表性，其中「三」代表神，如當四活物呼叫聖哉時，他們呼喊三次，不是四次或兩次；他們稱頌上帝，說祂是「昔在」、「今在」、「以後常在」的。啟示錄一章5節形容基督時，說祂是那「誠實作見證」、「從死裏首先復活」和「世界上君王元首」的，又是三的組合。當基督談到自己時說：「我是首先的、我是末後的、又是那存活的。」(啟一18)。啟示錄裏的「三」是上帝的數字，述說上帝配得的榮耀時，也以三的說法來表達，就是尊貴、榮耀、權柄(啟四11)。在約翰的描述中，魔鬼也以三的姿態出現，就是一龍雙獸。並且牠們所做的事跟神有點相似，從以下「基督和海獸」及「先知和地獸」兩表的比對中，讀者可見一斑。[11]

基督

1. 與神同享權柄能力、國度及寶座(五13，十二10)
2. 救贖各族各方各民各國(五9)
3. 得萬國萬民，天地窮蒼的敬拜(五13)
4. 流血被殺，死裏復活(五6)

5. 屬基督者額上有羔羊的名(十四1)
6. 七角七眼，頭上戴著許多冠冕，衣服和大腿上寫有其名，就是萬王之王，萬主之主(五6，十九12、16)
7. 首先末後，死過，又活，活到永遠(一18)

海獸

1. 和巨龍共享能力，權柄和寶座(十三2)
2. 制伏各族各民各方各國(十三7)
3. 全地的人都拜獸(十三4、12)
4. 受了死傷卻醫好了(十三3)
5. 屬獸者額上印有獸名(十三16～17)
6. 七頭十角，戴著十個冠冕，七頭和遍體都有褻瀆的名號(十三1，十七3)
7. 以前有，如今沒有，以後再有，最後歸於沉淪(十七8、11)

先知

1. 先知(十一10)
2. 是兩個燈台，為神作見證(十一4)
3. 行大奇事叫天閉塞，變水為血(十一6)
4. 有火從口中出來，燒滅仇敵(十一5)
5. 折磨住在地上的人(十一10)
6. 神吹生氣使其生(十一11)

地獸

1. 假先知(十六13，十九20，二十10)

2. 頭上有兩角，為巨龍講話（十三11）
3. 得海獸權柄，行大奇事（十三13）
4. 叫火從天降（十三13）
5. 迷惑住在地上的人（十三14）
6. 吹生氣於獸，使牠像有生氣的活物（十三15）

啟示錄說一龍二獸稱神，假扮上帝，今天魔鬼仍做著相同的工作，要作上帝。魔鬼怎樣做上帝？現在不是一世紀，魔鬼裝神，不用七頭十角。馬丁路德曾解釋甚麼是神，他說：「你心中現在所依戀和信賴的，其實那就是你的上帝了。」[12] 也就是說：「不論你將人、事物、名聲、地位、財富、愛情、妻子還是兒女看為比上帝更為重要，認為那就是生命惟一依靠和依歸，能從那裏得到一切好處和喜樂，甚至可以捐獻一生時間、生命和財富，那些東西就是神了。」因此，甚麼都可以成為神，甚麼都可以作上帝，分別只是在乎真神假神而已。

魔鬼裝神，意思是魔鬼要坐在上帝的位裏，他要在教會稱神，也要坐在先知的位上。讀者曾否經歷被人坐了自己的座位的感受呢？那不是好受的啊！作學生的在剛開學的第一天坐了的座位，在第二天卻被他人坐了，說不定也會覺得不好受。課室的座位被佔還是小事，要是上帝的子民在地上的先知角色被魔鬼佔了，你說怎辦好呢？魔鬼稱神提醒信徒小心，不要失掉上帝給信徒在地上的角色和責任。

數字——完全保守

討論啟示錄的符號世界，一定要提及啟示錄的數字。除了「三」是代表上帝外，在啟示錄中，「四」是代表大地。啟示錄說到大地時說地的四方、地的四角。談到地上眾民時便說各族各民各方各國，都離不開「四」這個數字，啟示錄中的四活物代表大地上的一切，但四活物也在天上，所以四活物正正代表地上天上和穹蒼大地一同敬拜神。啟示錄裏還有很多數字，其中最為人熟悉的是「七」，但筆者今天不打算講解「七」這個數字，而是講解啟示錄中另外一些數字的象徵性意義。

啟示錄十一至十三章有幾個重要的數字，首先是二字，「二」代表先知，兩個見證人就是代表教會。啟示錄十一章2節說外邦人要踐踏聖城四十二個月，而兩個見證人則要傳道一千二百六十天；啟示錄十一章9至11節說兩個見證人死了，屍體在地上三天半；過了三天半；神使他們復活，啟示錄十二章6節說婦人被巨龍追趕逃到曠野，上帝在那裏養活她共一千二百六十天；啟示錄十三章5節說獸任意橫行四十二個月。仔細看來「一千二百六十」天代表著上帝保守的時日，而「四十二」個月則代表著魔鬼侵凌的時段。以時間長短的角度看來，四十二個月和一千二百六十天是相等的日子。約翰為甚麼在這裏說「月」，在那裏卻說「日」呢？約翰顯然想避免直接重複和引起讀者的注意。這兩個雖是同等的數字，卻有不同的作用。當惡者踐踏聖城，逼害信徒四十二個月的時候，上帝卻要保守其子民一千二百六十天，這是提醒信徒無論魔鬼作惡多久，教會也要做多久的見證；當魔鬼攻擊教會，在地上作惡肆虐時，教會不應退縮，魔鬼作惡多長時間，教會也要作多久的見證。退縮的教會就不再是教會，因為退縮的教會——正如以弗所教會一樣——是被取去燈臺的教會，燈臺被取去了的教會還是教會嗎？還有可能完成使命嗎？四十二個月，一千二百六十天這些數字提醒信徒不要退縮，雖然魔鬼張牙舞爪，但教會卻仍要作見證。惡者愈是肆虐，信徒愈不能退縮，應該為主繼續作見證。要知道不論惡者作惡多久，上帝保護祂的信徒也有多久。經文說惡者要作惡四十二個月，但上帝要保守祂的子女一千二百六十天，不正是這個意思嗎？

另一個值得討論的數字是「三天半」。三又二分一這個數字在但以理書也曾出現，啟示錄十二章說一載二載半載，即三年半（參但七25，十二7）。在啟示錄十一章裏兩個見證人後來被人殺了，死了三天半，三天半後上帝使他們復活。華人教會著作對三天半有很多不同的理解。[13] 究竟為何是三天半呢？主耶穌是死後第三天從死裏復活，但為何兩位見證人死了三天半才復活呢？為甚麼不是四天，也不是和主一樣，三天過後便從死裏復活呢？首先本人必須聲明，要回答這些問題一定脫離不了主觀性的臆測，但我們根據啟示錄中的其他數字用法，也許亦能夠找出一個合理的解釋來。眾所週知，三又二分之一是七的一半，在啟示錄和在猶太傳統中，「七」佔有十分重要的地位。上帝以七天完成創造天地萬物的過程。七天成了一個完滿的一週，一星期便有七天。三天半正是一星期的一半，一半是不完整的，只是七——完整——的一半。當約翰說到三天半時，一方面是使用啟示文學的修辭，另一方面是說被逼害至死只是故事的一半，若要對全個故事有完全的解釋，便要知道故事的另一半內容，就是上帝將他們帶到榮耀裏。這樣的理解不單符合啟示錄中使用數字的方式，也對今天信徒有著具體的意義。今天信徒在上帝面前要是只看到上帝的要求，只是看到生活中的困難，而看不到上帝為信徒提供的另一半經歷，這樣的信徒是沒有喜樂的。要知道故事前半兩位先知被殺，暴屍街頭，甚至被嘲笑，連被埋的機會也沒有，但後半段卻是他們從死裏復活，駕雲上天。前半部是仇敵得意，但後半部是他們得到無窮的榮耀和仇敵遭殲滅；受苦難顯然只是故事的一半，而不是全部。有一個故事，說到一位在非洲宣教多年的宣教士回家，到達碼頭，看見碼頭上有很多人接船。他們不是接該宣教士，而是接同船一羣到非洲打獵的人。當時這位宣教士心裏覺得十分淒涼，他對神說：「神啊，我服事了祢這麼多年，現在甚麼都沒有，就是回家也沒有人接船，反之，這些破壞創造的人卻如此風光，公平嗎？」正當這時，他聽到有聲音這樣對他說：「某某，你還未回到家裏，這處也不是你永遠的家鄉呢！」對為主作工的信徒來說，這個故事很有意思。三天半只是故事的一半，今天的信徒無論身處任何光景，應該多看一半，上帝的子女就是在艱苦裏，也應知道，只有在神那裏，才有安全，才有完全的拯救。

結語

啟示錄中充滿了象徵性語言，若對這些象徵語言一竅不通，便無法明白啟示錄的信息。若對這些象徵性語言不作深入研究和認識，單憑猜估，就算想像和創作力如何豐富，所得的結論仍很有可能不是原作者的意思，也不是原讀者所理解的。魔鬼裝神一段提醒信徒要儆醒，若惡者在二千年前可以裝神，今日也不例外，但忠心信徒不用怕，在啟示錄的數字世界裏明明宣講信徒在上帝裏必有完全的保守。神是配得榮耀、尊貴和讚美的，阿門。

註釋：

1 參G. B. Caird, *The Language and Imagery of the Bible* (London: Gerald Duckworth, 1980)。

2 天啟文學在第一世紀的希羅世界是十分普遍的，參D. Hellholm ed., *Apocalypticism in the Mediterranean World and the Near East,* 2nd ed. (Tübingen: Mohr, 1989)。

3 參周兆真：〈千禧年解釋：回顧與再思〉，載鄧紹光編：《千禧年：華人文化處境中的觀點》，（香港：信義宗神學院，2000），頁99～101。

4 周兆真：〈千禧年解釋〉，頁119～120。

5 R. Bauckham, *The Theology of the Book of Revelation* (Cambridge: Cambridge University Press,1993), p. 36.

6 L. L. Thompson, *The Book of Revelation. Apocalypse and Empire* (New York/Oxford: Oxford University Press, 1990), pp. 15～18.

7 G. K. Beale, *The Book of Revelation* (NIGTC; Grand Rapids/Cambridge: Eerdmans, 1999), pp. 5～12.

8 H. D. Betz ed., *The Greek Magical Papyri in Translation* (Chicago: Chicago University Press, 1986).

9《大人國與小人國》(*Gulliver's Travels*) 成書於一七二七年，作者Jonathan Swift 的寫書目的可見於其藉Gulliver船長寫給其堂兄弟Sympson的信中；

參J. Swift: *Gulliver's Travels,* Oxford edition; (London: Oxford University Press, 1919), pp. 3～7。

10 參註釋2。

11 以下兩表，參照 J. L. Resseguie, *Revelation Unsealed. A Narrative Critical Approach to John's Apocalypse,* Biblical Interpretation Series 32 (Leiden: Brill, 1998), pp. 124, 128。

12 馬丁路德著，鄧肇明譯：《基督徒大問答》(香港：道聲，1972)，頁11。

13 黃彼得：《認識得勝的基督：啟示錄教義釋經》(台北：校園，1995)，頁540和張永信：《啟示錄註釋》(香港：宣道，1990)，頁166，均認為三天半是代表很短暫的時候；陳終道：《萬王之王：啟示錄講義》(香港：宣道，1995)，頁232，認為由於啟十一9說各方各民各族各國中，有人觀看他們的屍首三天半，所以此時必定是一個科技十分發達的時候，才能在三天半中讓全世界的人都能觀看他們的屍首。

「從那城出來」——啟示錄的呼籲對我們的挑戰

周健文
基磐浸信會主任傳道

引言

提到啟示錄，信徒通常會有兩種反應：有人醉心研究啟示錄，有人避談啟示錄。醉心研究啟示錄的人，大多研究書中「預言」，希望從中找到聖經與今天世界發展的關連。這樣做可能有兩個目的：第一，若有關連，便可增強聖經的可信性；第二，若有關連，便可提醒人早作準備，或離開罪惡、生活聖潔、或廣傳福音、等候主臨。避談啟示錄的人也有自己原因。有人認為書中信息只提將來情況，與現世無關，不值得多花時間。但我相信有更多不讀啟示錄的人，是因為他們認為書中的信息隱晦難明，所以知難而退。

多謝周兆真博士為我們解開啟示錄的疑團，說明啟示錄象徵世界的意義，為讀者作好汲取啟示錄精華的預備，因為書中信息確實是可以理解的。只要我們多花一點時間，細讀全書，參考一點別人的研究，用心感受，自會明白啟示錄的信息與這個時代，與我們每一位，都息息相關。我會根據啟示錄的提示，指出解讀該書時要注意的一些事項，然後略略帶出啟示錄對我們的挑戰。

如何解讀啟示錄

書中提示

為了幫助讀者理解全書信息，啟示錄的作者實已留下兩點線索：第一，在啟示錄一章1至3節，作者約翰形容他所傳達的信息是「預言」——和合本的譯詞；第二，啟示錄採用書信格式來盛載全書內容。

先談啟示錄中的「預言」。一如前述，「預言」是一個譯詞，直譯應作「先知的話語」，即先知的講論。「預言」與「先知的話語」有重疊的地方，因為兩者都會涉及將來發生的事。但是，兩者之間卻有微妙的分別：「預言」是在事情發生以先，預先將快要發生的事講說出來；「先知的話語」含義較廣，往往涉及將來事情，但卻不一定著重未來的事，也可能與當下情勢有關。啟示錄屬於後者，因為書中有論及將來，卻先針對寫作時的教會情況。這點不可忘記！

第二，作者用了書信的格式來包裝全書信息。這點也要好好掌握！啟示錄有著一般書信常見的三段格局，即前文、內文及後文，全書由一個序言來引介。序言部分見於啟示錄一章1至3節。在這部分，作者交代了信息來源，並呼籲讀者留心聆聽，切實遵行，因為這樣的人是有福的。啟示錄一章4節至8節，就是信的前文。正如保羅書信的前文，我們在這部分找到稱謂、頌讚和先知的宣告。之後，即啟示錄一章9節至二十二章5節，就是信的內文。在內文部分，作者交代了他從天上領受的信息。這個信息由兩大信息循環組成：先是給小亞細亞七教會的指正（二～三章）；後是將要發生之事的陳述（四～二十二章5節）。餘下的部分，即啟示錄二十二章6至21節，就是後文。在這裏，有未了的話和一個書信式的祝福。這種結尾也是保羅書信常見的手法。

啟示錄的作者形容全書信息是「先知的話語」，並且用書信作為盛載信息的媒介，用意是甚麼？

啟示錄的作者留下這兩點提示，似乎是要讀者知道，他的信息與當代情勢關係非常密切。即是說，作者約翰作為神的僕人，或說神的先知，就是要將神的心意，包括神對當下情況的判斷和天上的景象，特別是羔羊被殺後復生的得勝信息，宣告出來。這樣講論的目的不是要滿足人的好奇心，漫談日後世事的發展，而是要穩定讀者對神的信心，在作者認為艱難的時期緊守崗位，不走世界的道路。這份心意，不但藉由先知講論的內容來提示，更得到書信格式配合支持。作者約翰以保羅式的書信傳遞信息，這同樣暗示背後有一種獨特、確切的處境。即是說，作者的信息——從耶穌基督及神而來的啟示（啟一1）——是針對當下情景而發。順道一提，啟示錄中提到的教會，很多都是保羅曾經接觸的教會。這表示，作者約翰用了流行於當時當地教會的形式來傳遞他的信息。

基於以上兩點特色，啟示錄的讀者應先留意書中信息與一世紀信徒的關係，特別是怎樣挑戰信徒在第一世紀的艱難處境中信靠上帝，堅守立場，而不應將今天的情勢直接讀入書中。

書中呼籲

那麼，作者約翰怎樣激勵信徒信靠上帝，堅守立場呢？要明白箇中奧妙，我們要再看全書內容的鋪排。

一如前述，作者在一章內，交代了他怎樣從主那裏領受了信息，並宣言說：聽聞書中的信息而又遵行的人是有福的（啟一3）。由此可知，作者的信息是要回應和遵行的！作者，或者說，作者背後的神對讀者是有要求的！

神的要求在二章及三章開始出現。作者約翰將從主領受得來的信息，向小亞細亞地區的教會發放。發放信息的目的乃為激發教會離開錯誤，認清身分，不再迷失，歸向真神。作者必須發出這些信息，因為當時有教會走迷，敵不過來自世界的壓力和引誘，向世界作出妥協。在這論及地上教會的部分，作者對不同教會，分別提出了正面及反面的呼籲。從反面來看，就是提醒那些隨從或追逐世界潮流的人要悔改，要心意回轉，不要在迷失中打滾（啟二5、16、22，三3、19）。在另一方面，對那些努力守住立場的教會，他又作出一些正面的鼓勵，提醒忠貞敬畏上主的人繼續忠心（啟二10），繼續持守僅有的（啟二25，三11），亦要保持儆醒（啟三2）及繼續熱心（啟三19）。

從四章至二十二章，作者約翰繼續採用許多豐富的意象，諸如天上的敬拜（啟四～五）、屬神的軍隊（啟七）和為撒但爪牙的怪獸（啟十三），去激發信徒的想像，幫助他們認識世界情勢的真相，啟發他們信靠真神的決心。在作者約翰看來，世界的力量只是看似強大，實則虛幻不實，是轉眼雲煙的力量，因為神藉著被殺復生的羔羊已經得勝了一切反抗力量。於是，作者呼籲屬神的人，要從象徵當時世界的巴比倫城中出來（啟十八4）。「從那城出來」，我個人認為，這是書中一個很重要的意象。人要從巴比倫城出來，因為這城很快就要傾覆及滅亡，因為這城不會存到永遠，惟有真神才能存到永遠，才真正配得敬拜。即是說，教會不應灰心，只要忍耐，靜候基督在地上作王的日子到來，這日子也終必來到，快要來到。

最後，作者在全書結尾部分再次重申：聽聞書中的信息而去遵行的人是有福的(啟二十二7)。整本書就是朝著這個方向進行，要人要遵行神的心意，敬拜上帝，不拜虛假的神。

作者經歷

啟示錄的信息固然歷久常新，在解讀啟示錄的時候，我們應該參照書內這些提示，認識啟示錄的寫作處境和象徵世界。不過，當我再看整本書的時候，我覺得成書背後的經歷，特別是作者個人的屬靈經驗，更是不可分割的部分，同樣值得我們細心領會。不錯，作者用了很獨特的手法，很豐富的象徵去傳達他的信息。但是，他之所以用如此獨特的手法去啟動讀者的心志，實是因為他有自己獨特的經歷、「獨特的看見」。

作者約翰有獨特的經歷。他揚言自己遠離繁華，在一個名叫拔摩的海島上，在與神相遇的敬拜中，有所「看見」，有所領悟。似乎在一個遠離繁囂的世界裏面，他看到很多，看到更遠，看得更清楚。啟示錄的作者在這個看似孤寂的地方，放眼世界，就看見世上所有的人都受制於黑暗的勢力，在這勢力之下吃盡苦頭，甚至教會中亦有人隨著世界的潮流前行，以為沒有問題，其實已經迷失，就好像喝醉了的人，迷失了常性，亂拜偶像，背棄真神，跪拜金銀，不理他人，這是他放眼世界時所看見的。啟示錄的作者舉目向上，結果看見另外一番景象。他看見世界的苦難、富貴、榮華，如煙似雲，轉眼成空，只有坐著為王的上主，以及那曾經被殺今天仍然活著的羔羊才真實執掌權柄，直到永遠，配受世上各樣活物的敬拜。

因為作者有如此獨特的經歷、獨特的看見，所以他有要傳講的信息。因為作者有靈裏面的經歷，甚至「從那城出來」的經歷，所以他有自己獨特的表達手法。這種經歷不單止給他寫作的信息，其實亦給這迷失的世界一個見證人，一個見證神真實活著而且仍然活著的人，一個好像昔日我們的耶穌基督的人，像那一隻曾經被殺，今天仍然活著的羔羊一樣，為神作見證的人。

啟示錄對我們的呼籲

啟示錄的作者在其身處的時代傳遞神的信息，用他的方法去激勵人、呼喚人，特別是教會裏的人，拜服於真神和羔羊的腳下。當我們這樣聆聽他的信息時，合理的回應就是以一個同樣敬畏的心情仰望上主，放眼世界，使人在神的光中認清當時的境況，好向身邊的人宣告我們在神裏面的經歷。這是我們的挑戰，是我們在解讀啟示錄時，應該會有的挑戰。

問題是：世界的經歷，今天基督教的社羣應該並不缺少，但在神裏頭的經歷，我們所有的卻恐怕不多。當我們放眼世界，特別看著香港過往這十年的發展，看著我們的教會時，或者我們會發覺，我們所看見的只是世界的需要，世界需要些甚麼，我們便做甚麼。世界講求業績，要大，我們便尋求業績、要做更大；世界迷信偶像，我們便建立我們的明星，希望可以吸引世界的注意。論到教會的情況，在報紙專欄有人寫了以下的一番説話，他說：「現代的教會管理，愈來愈像積極進取的企業，廣傳福音與拓展市場，精神上未必有太大的差異。宗教儀式愈來愈像資本主義的運作方式，也愈來愈合香港人的胃口。如果儀式本來只是空殼子，現在卻似乎愈來愈像是實質的主題。我們根本不需要改變自己便能追尋信仰，這不是重獲的失樂園還可以是甚麼呢？」[1] 或者，今天基督教的社羣真是太會效法這個世界，因此我們的心意便沒法更新而變化。在這個角度來看，啟示錄的作者不單向早期的教會講説話，其實亦是向我們這一代人講説話。即是，他也要求我們「從那城出來」，從世界出來。

但是，「出來」是甚麼意思呢？對於你、對於我來說，如何去出發呢？

對於這個問題，我只能提供幾點的想法給大家參考。第一，我們各人要親自回答這個問題，我們不能要求啟示錄的作者為我們代勞。第二，「出來」，按啟示錄的整體教導來説，並不是不問世事，也不是脱離社羣。因為你若細心察看，作者其實非常關注教會的情況，他很細心地留意教會的健康和敗壞（啟二～三章），他亦很留意社會內的情況（啟十三）。在十三章，作者提到經濟活動；在十八章，更列舉各樣的聚斂得來的物品。作者很留意身處的社會，很留意身邊的世界。第三，「出來」的行動與在神裏面的經歷有分不開的關係。人能「出來」，是因他「看見」。他「看見」的，若與世人所見不同，自然就會與社會、與世界活出分別。因此，在未提及我們可以怎樣「出來」之先，我們首先需要做的，就是回到上帝裏面，等候上帝！人要在神裏頭「看見」世界。只有在人「看見」之後，人才會有改變；也只有在人「看見」之後——並不是單單知道或者聽聞——人才會有突破。第四，「出來」是可能的，因神是真的神，是活的主，神昔在、今在，將來還要再來。神確實仍然活著，神仍然座著為王，所以我們是可以「出來」。

結論

以下是一個短的結論，要解讀啟示錄的信息，必須由認識啟示錄的作者關注所身處的時代開始，作者呼籲人「從那城出來」，離開敗壞的巴比倫城，離開敵擋神的世界。意思不是叫人逃避現實，妄顧現在，埋首將來，亦不是叫人謀求藏身某處安全的時空。剛剛相反，當人看見全書的體裁，領會信息性質、內容結構及書中呼籲，便自會看見啟示錄作者要求讀者在當下回應神的呼召，呼籲讀者去敬拜真神，尊主為大。能夠活現這種的生命，就是見證！但是，要有這種見證，必須先「看見」，個人親自看見現實，不只是片面的現實，或者不只是磨人的現實，而是能夠看見在神裏面現實的真相：一方面看見黑暗勢力的虛無，另一方面看見神掌權作王的事實。

「看見」是神的恩賜，不是教條教導的結果。「看見」是心裏明白，不是頭腦的認知或認同。我們在這個時代，實在需要「看見」，因為在現實的艱難當中，我們通常會選擇逃避，不會看眼前看似令人無奈的事實。我們需要「看見」，因為當我們在順景裏面，在這千變萬化的世界的引誘裏，我們容易沉迷於美好的時光而看不見世界還有其他的情景，有一些可能我們不想看見的事。當我們有「看見」，我相信我們自然會有改變。

願神施恩憐憫我們，光照我們！願啟示錄的作者試圖傳遞的信息，試圖催生尊主為大的努力，在我們身上結出美好的果子！又願我們能夠看見神坐著為王這榮耀的景象，我們很自然地、很甘心地、很樂意地，就在神的腳前下拜！

註釋：

1 羅祥貴：〈信仰樂園〉，《明報》，2000年9月2日，E4。

啟示錄：舊約預言的高峯

黃儀章
播道神學院舊約講師

前言

很多弟兄姊妹認為啟示錄是啟示性質的經卷。這是正確的。事實上，啟示錄也是這樣介紹自己：它是「耶穌基督的啟示」(啟一1)。

然而，我們甚少以先知書的角度來看啟示錄，它實在是先知書，是新約的先知書。

作為先知書的啟示錄

預言

約翰稱這卷書為預言(啟一3)。後來耶穌基督也確認他的說法說：「凡遵守這書上預言的有福了！」(啟二十二7)

與舊約預言的關係

作為先知書，它帶有如舊約先知說話的權柄。在這方面，它叫我們留意到，它與舊約先知書的緊密關係。

啟示錄作為舊約異象的高峯

作為新約的先知書，啟示錄與舊約先知書的關係絕不單只停留在借用詞彙、暗喻和比喻的層次上。[1]更重要的是它延續舊約的主題：末世的異象和盼望。

正如舊約的先知書一樣，啟示錄同樣向我們宣告末世的異象和盼望。[2]

然而，舊約先知書給我們的只是零碎的片段，啟示錄則將這些片段像拼圖般湊合起來，給我們完整的圖畫，全面瞭解末世的異象和盼望。[3]正如新約學者理察·包衡（Richard Bauckham）指出，「沒有其他聖經書卷像啟示錄那樣全面地涵蓋整體聖經傳統，並將之指向末世性的將來。」[4]

在啟示錄中，我們能夠找到整本聖經中的異象的總體。[5] 包衡再次指出，「約翰並非旨在承襲舊約聖經的傳統，他知道自己所寫的是這些傳統的高峯，就是所有先知們所預言的末世情境快要成就之時。」[6]

事實上，我們可以說啟示錄將舊約的異象賦予最後的形狀。舊約中各主要的預言均聚合在啟示錄的預言當中；啟示錄可說是「預言的高峯」。[7]

因此，若要理解啟示錄，便必須對舊約有基本的認識，特別是但以理書、以賽亞書和以西結書。大部分約翰所寫的內容，是受這三卷書影響的。[8]

以下我們將嘗試討論約翰的啟示與舊約先知書的特殊關係：

啟示錄中的異象及其與舊約先知書的關係

在啟示錄中集合了以下舊約預示的異象：

撒但（就是「龍」）及牠的隨從（就是海獸和陸獸）最終的失敗的異象

1. 海獸最終的失敗

在啟示錄十三章中提及一隻從海裏上來的獸。牠有十角七頭，長得像豹，但有著熊的腳和獅子的口。牠有統治權並獲允許行使四十二個月。牠以傲慢的言語褻瀆上帝，與聖徒爭戰，甚至獲得短暫的勝利。

舊約聖經學者史蒂・梅利斯(Steve Moyise)指出：「大部分人都會同意，啟示錄十三章是明顯地根據但以理書七章(寫成的)。」[9]他有說服力地列舉出啟示錄十三章中的獸與但以理書七章的獸類似之處：[10]

a. 從海中上來(啟十三1；但七3)

b. 像獅子(啟十三2；但七4)

c. 像熊(啟十三2；但七5)

d. 像豹(啟十三2；但七6)

e. 十個角(啟十三1；但七7)

f. 十個王(啟十七12；但七24)

g. 口說狂妄的話(啟十三5；但七8)

h. 說敵擋至高者的話(啟十三6；但七25)

i. 有權柄交給牠(啟十三2；但七6)

j. 與聖徒爭戰(啟十三7；但七21)

k. 得到勝利(啟十三7；但七21)

l. 四十二個月／一載、二載、半載(啟十三5；但七25)

他又進一步指出：「約翰似乎在開始的時候是描述著但以理書中的第四獸(『我又看見一個獸從海中上來，有十角七頭，在十角上戴著十個冠冕』)，然後選取另外三獸的特徵，特別是關於『小角』的特徵，就是那『與聖民爭戰並勝了他們』的小角。」[11]

正如梅利斯的觀察，新約聖經學者威廉・巴克萊(William Barclay)和梅爾・坦尼(Merrill Tenney)也同樣指出，啟示錄十三章中的獸是但以理書七章3節至7

節中所描繪的獸的綜合形體。[12] 約翰在啟示錄十三章中的獸，組合了但以理書四獸的特徵。

有關啟示錄十三章所描繪的獸，柯里狄(Krodel)指出：「約翰並非旨在描述敵國的序列，把他們由巴比倫至希臘的次序羅列出來，他更有興趣在這具體的圖象中突出那在末後敵擋上帝和祂子民的國度的本質。作為一隻獸，這帝國擁有但以理書四獸的一切特徵。」[13] 約翰視但以理書中的四獸為一體。

如果我們詳細閱讀但以理書七章，我們會發現約翰描述的方式與但以理書息息相關。在但以理書七章中，我們不需依照年月順序的方式來理解這四獸，例如：巴比倫→瑪代→波斯→希臘，或巴比倫→瑪代波斯→希臘→羅馬。更合適的，反而是以一種綜合的方式去理解，那就是一個敵擋上帝和祂子民的國度。關於這點，第一個提示是：但以理書中的四獸是沒有名稱的。第二個提示是在但以理書七章11節至12節：「那時我觀看，見那獸因小角說誇大話的聲音被殺，身體損壞，扔在火中焚燒。**其餘的獸，權柄都被奪去**，生命卻仍存留，直到所定的時候和日期。」所以，當小角被殺後，其餘的獸仍然生存，但權柄卻被奪去。[14]

在啟示錄十七章14節及十九章11節至21節中，約翰再次看見獸被打敗，被永遠扔在火湖裏(啟十九20，十七16，二十10)。但以理書七章也有相同的描述。經過三載半，小角受到審判，權柄被奪去(但七26)，然後被扔在火中焚燒(但七11)，一直到底(但七26)。啟示錄所說的「火湖」(啟十九20，十七16，十八18)，其形象可以追溯至舊約聖經關於所多瑪和蛾摩拉被火焚燒的事件中（參創十九23～25）。[15]

2. 龍最終的失敗

在啟示錄十二章3節，約翰看見一龍，有七頭十角。這七頭十角的龍，牠的起源可以追溯至詩篇七十四篇14節所記載，那條有數個頭的鱷魚。[16] 根據啟示錄十二章9節，龍就是蛇。這明顯指創世記三章1節所提到的蛇。為了阻撓上帝施恩予人類的計劃，這蛇引誘世上第一個男人和女人違背上帝的旨意（創三1～5）。

後來在啟示錄二十章7至10節，約翰看到龍最終被打敗，與牠的兩個助手得到同樣的下場，被扔到火湖裏去。

舊約聖經早已預言了龍最終的失敗。當亞當和夏娃墮落以後，上帝宣佈對蛇的審判：「我要叫你和女人彼此為仇；你的後裔和女人的後裔，也彼此為仇，女人的後裔要傷你的頭，你要傷他的腳跟」（創三15）。大約在主前二世紀，自從舊約希伯來聖經被譯成舊約希臘文聖經（七十二譯本）至今，這段寶貴的經文被喻為「福音的前奏」。[17]「當龍與婦人之間的敵意，被視作創世紀三章15節那咒詛的倒影時，龍的失敗可能已是意料中事。」[18]

另外，在以賽亞書二十七章1節中，也有記載上帝應許鱷魚——即是龍——最後的失敗。[19]

最後，以賽亞書六十五章25節寫道，以賽亞先知看見，當上帝造成新天新地以後（賽六十五17），萬物都會歸回「和平」，就像在伊甸園的老日子一樣（創二4～24）；然而，塵土將會繼續是蛇的食物（賽六十五25）。這裏明確的提醒我們，關於蛇挑戰上帝旨意的下場（創三14）。這個圖畫重申蛇將永遠失敗，[20] 再不可能恢復本來的光景。除了蛇以外，萬物將重新再造，哈利路亞!

彌賽亞最終的勝利

在啟示錄中，約翰以下列的方式描繪彌賽亞的勝利：

1. 那位「好像人子的」駕雲降臨（啟一7）

啟示錄一章7節是第一個關於得勝彌賽亞的描述。這裏描述基督是駕著雲的。這是參考但以理書七章9至14節所描述的（那裏記述人子來到亙古常在者面前，接受永恆的國度）。[21] 約翰宣告，彌賽亞將要再來；但這一次，是以勝利者的姿態來到，從上帝那裏接受國度與權柄。祂雖然曾經受扎死了（參考亞十二10），但祂再來時，將會帶著榮耀。

2. 得勝的君王（啟十九11～21）

另外一段得勝彌賽亞的描述，可見於啟示錄十一章5節及十九章15節。這兩處經文描寫彌賽亞是那位用鐵杖轄管列國的。類似的描述也記載於詩篇二篇。那裏說「列邦」和「世上的君王」聯合起來敵擋上帝和（祂的受膏者）彌賽亞（詩二1～2）。彌賽亞是上帝的兒子（詩二7)，在錫安山上被立為君王(詩二6)，要抵擋和戰勝那些背叛的邦國。上帝應許要將列邦給這王族的彌賽亞為業(詩二8)，而祂也要用鐵杖壓制他們(詩二9)。彌賽亞是那位得勝的君王。[22]

另外，在啟示錄中，「世上的王」這個詞彙(啟六15，十七2、18，十八3、9，十九19，二十一24)，也是從詩篇二篇直接採用過來的，代表了敵對上帝的政治勢力。他們最終會受制於彌賽亞得勝的王手中。

3. 被殺的羔羊被立為王並受萬千敬拜(啟五9～12，二十二3)

在啟示錄五章，約翰看見一個有趣的彌賽亞形象。他看見被殺的羔羊坐在寶座上，接受眾人的敬拜。這是一幅勝利的圖畫。正如經文所示，這羔羊就是那「猶大的獅子」(參見創四十九9～10)和那「大衛的根」(參見賽十一1)，[23] 就是長久等待那要來的彌賽亞。「彌賽亞無疑已經得勝。」[24] 羔羊雖然被殺，卻沒有失敗，彌賽亞確實勝了這場仗。祂以捨身之死得勝，現在贏得永恆的國度。[25] 最終，我們的主，耶穌基督，被立為王。

這種帶著強烈矛盾的描述(雖被殺，卻得勝)[26] 實在反映著一個重要的神學思想。這就是說彌賽亞以捨身之死來贏取王權。與其他地上的王不同，那些王是以暴力來奪取權力的，彌賽亞則以愛來贏取。這樣的神學思想可追溯至以賽亞書，[27] 那裏記載彌賽亞像羊羔一樣受苦(賽五十二13～五十三12)而成為君王(賽九

6～7，十一1～5）。[28]僕人雖然被害，但祂將必被高舉（賽五十二13）。[29]

殉道者最終得勝的異象

1. 得勝的殉道大軍站立在羔羊面前（啟七1～17）

在啟示錄七章中記載了約翰看見兩個相關的圖畫。首先，啟示錄七章1至8節記載約翰看見以色列支派的十四萬四千人。仔細看啟示錄七章4至8節，我們可以得知這是以色列各族的人數統計。在舊約聖經中，統計人數亦即是指計算一國的軍事力量（參見民一，二十六章）。所以這十四萬四千的就是一團軍隊。在名單佔首位的是猶大支派（啟七5）。這意味著帶領這支軍隊的就是那在啟示錄五章5節中所說的「猶大的獅子」。換句話說，他們是彌賽亞的軍隊。[30]

另一方面，啟示錄七章9至17節記載約翰同時看見許多人，沒有人能數得清有多少人，他們是從各國各方而來，在天國裏慶祝勝利，將榮耀歸予神和羔羊（啟七9～10）。他們是被殺羔羊的子民，在各國中被救贖出來。（啟五9）。他們曾用羔羊的血，把衣裳洗白淨了（啟七14）。這說明他們就是殉道者，藉自己的死，與羔羊捨身之死有份，並得勝了。

當我們將以上兩幅圖畫合起來，便看見彌賽亞的軍隊凱旋地站立在寶座和羔羊面前。他們得勝，不是依靠軍事能力，而是因為他們為道捨生。正如啟示錄五章5至6節所描繪，彌賽亞以捨身的死勝了，啟示錄七章4至14節也同樣描述，祂的跟隨者成了一隊彌賽亞的軍隊，也同樣地以捨身的死來參與祂的勝利。[31]

在但以理書中也能找到類似的描述。但以理書七章記載了「小角」與至高者的聖民之間的爭戰（但七21）。我個人的理解是，「小角」並非指安提阿古以彼芬尼四世，而是指那在末日時，到來逼害那些跟從神的人的王。換句話說，他就是「敵基督」。[32] 按但以理書七章的描述，「小角」勝了至高者的聖民（但七21、25），但最終的勝利卻屬於聖民和那像人子的。他們均承受了上帝的國度（但七14、18、27）。

2. 殉道者從死裏復活並承受上帝的國（啟二十4～6）

啟示錄二十章4至6節中記載，約翰看見殉道者復活，並與基督一同作王一千年。從屬地的角度來看，他們都是失敗者，獸是勝利者。但當我們從屬天的角度來看，正如約翰一樣，我們會發現他們才是真正的勝利者。因著他們為道犧牲被殺而獲得勝利。

為要突出這些殉道者是真正的勝利者，約翰特意對比他們在啟示錄二十章4至6節和獸在啟示錄十九章11至21節的結局。殉道者最後得到擁護和獎賞，而獸的結局則是被咒詛和滅亡；殉道者最後復活過來（啟二十4），第二次的死在他們身上沒有權柄（啟二十16），而獸最後被扔在火湖裏（啟十九20），這就是第二次的死（啟二十14）。[33]

國度從獸那裏奪回，交在殉道者手中。殉道者就是那些承繼上帝國度的人，他們的基業不只是一千年，而是永永遠遠（啟二十二5）。雖然獸曾奪取殉道者的生命，但最終要在琉璜與火的湖裏受永遠的痛苦（啟二十10）。

以上的描述同時也可以在但以理書中找到。獸的滅亡（啟十九11～21）和聖徒承繼神國（啟二十4～6）這兩個主題都出現在但以理書七章。[34] 在這段經文中，但以理看見關於四獸（但七3～7）和「小角」的異象。他看見小角逼害聖民並打敗他們（但七21、25）。但到了最後，獸卻要接受亙古常在者的審判（但七9～10、22、26），並被打倒（但七11、26），而國度和權柄則交在那像人子的（但七14），和那些曾受害於獸的聖民手中（但七18、27）。

一個普世、永恆和祭司的國度得以建立的異象

約翰又看見神永恆國度的設立（啟十一15～18，十六17），這一次神是坐在地上（啟二十二3）而非天上的寶座（啟四章；參賽六章），就在新耶路撒冷，正是各國及諸王前來朝拜的中心，他們攜著貢品前來（啟二十一24～26；參賽六十4～17；亞十四16）。[35] 在這國度裏，神不是單獨統治，而是與祂的子民一同施行管治。一如但以理書預言的，神的百姓將在永恆的國度裏再次與神一同作王（啟二十二4～5），如同在伊甸園古時的日子（創一26～28）。[36]

更進一步說，這未來的國度將會是一個不但容納猶太人，也容納非猶太人的國度。這可從一個事實看出來：在未來的國度裏「神的帳幕在人間」（啟二十一3

上）；據包衡指出，此處的「人」含有「人類」的意思。[37]而奇妙的是，「他們要作祂的子民，神要親自與他們同在」（啟二十一3下；另參啟二十一7），全人類都要享受到那先前侷限於以色列人的應許（結三十七27～28；亞八8）[38]，外邦人不再是局外人，相反地，他們也要成為神立約的子民。

這國度普及全人類，涵蓋的幅度無以倫比，正正就是以賽亞先知在主前八世紀，以及但以理先知在主前六世紀的所見（賽十九25；但七13～14）。事實上在更早的日子，雅各已經預言，彌賽亞所管治的未來國度，其特色是萬國萬民的順服歸降（創四十九10）。

最後，神未來的國度將是一祭司的國度，如偉大的以賽亞先知所預見的，神的百姓要真正成為神的祭司（啟二十二3上～4；賽六十一6），人類的祭司角色將要恢復過來，一如起初神造人的時候。[39]創世記二章15節不是說，亞當夏娃被造是為了工作或充當守衛，而是說，他們被造是作祭司，在創造的神面前，他們的主要職責是在仿如聖所的伊甸園中敬拜祂。[40]在未來的國度裏，全人類都要在神親密的臨在之中敬拜祂。

樂園（新耶路撒冷）失而復得的異象

異象中，約翰又看見新耶路撒冷的異象，啟示錄二十一章1節至二十二章5節詳細描述這新的耶路撒冷。

若仔細端詳經文，就可以看出：「有關耶路撒冷的描述引人注目，那是一個引發豐富想像的複合意象，由舊約傳統中眾多的線索交織而成。」[41]

首先，我們看見該城座落的位置。新耶路撒冷將要降落在一座「高大的山」上（啟二十一10）。按以西結書四十章2節所記，未來神所居住的聖殿將設在一座山上。[42] 又按以西結書二十八章1節、以賽亞書二章2節及十一章9節所記，「神的聖山」將是樂園重現的地方。[43] 我們在下面將會看見，新耶路撒冷的結構與聖殿的至聖所相似，其裝飾仿似樂園。

其次，我們看見該城的聖潔和榮耀。新耶路撒冷充滿著神的聖潔，因此不敬虔的人就不能住在其中（啟二十一27）。同時，新耶路撒冷也充滿著神的榮耀，她不需日頭月亮、或燈光照耀（啟二十一23，二十二5），因她有神的榮耀（啟二十一11）。[44] 從這方面看，約翰所見的新耶路撒冷正是以賽亞所見的（賽六十五3～4，六十六24，六十1～2、19～20）。

第三，我們看見該城充滿著生氣。新耶路撒冷城內有一道叫「生命水」的河（啟二十二1～2，二十一6，二十二17）流經該城，灌溉生命樹（啟二十二1～2）。所有這一切都表明，城內的生命是永恆的生命，一切的憂愁、痛苦和死亡都要從此永遠消失（啟二十一4）。這幅綜合的圖畫可追溯至舊約的幾段經文：按以賽亞書四十九章10節、五十五章1節、以西結書四十七章1至12節及撒迦利亞書十四章8節幾處經文所記，樂園是由一道生命河灌溉，正像伊甸園一樣（創二10～14）。按以西結書四十七章12節及創世記二章9節，樂園當中有生命樹。最後，按以賽亞書二十五章8節所記，神應許會「擦去各人臉上的眼淚」。[45] 以上都是聖經所記的樂園特徵。

第四，我們看見咒詛不再存在。在這城裏創世記三章的咒詛(創三14～19)已被除掉(啟二十二3)，如以賽亞書的預言(賽六十五17～25)一樣。

約翰看見的新耶路撒冷，正是人的希望；樂園重現，正是創世記一至二章所描述的伊甸園的恢復(賽五十一3)。新耶路撒冷其實是樂園的重現，這樂園由於亞當和夏娃的不信及不順服，曾一度失落了，從那時起，重返樂園就成了所有神的百姓的盼望(參賽五十一3)。在約翰的異象裏，我們可以有把握地相信，那些存這指望的人必不至羞愧。約翰向我們保證，有一天，失落的樂園將要重現。

神親自臨在、並與祂的子民親密相交的異象

約翰在異象中看見，那先前位於天上的寶座(啟四章)現已臨在地上，就在新耶路撒冷城中(啟二十二1、3)。[46] 啟示錄四章所見的神人之間的距離現已消失，神從天上來到地上了！那位超越的神已經親臨人間，祂在人間居住，猶如在伊甸園中與亞當夏娃一同居住那樣(創二4～25)。

此外，約翰又聽見有大聲音說：「看哪，神的帳幕在人間。祂要與人同住……」(啟二十一1)。啟示錄二十一章3節的「帳幕」(σκηνὴ)及「住」(σκηνώσει)兩個希臘文用詞，實際上是等同於希伯來文הַמִּשְׁכָּן和שָׁכַנְתִּ(參出二十五8)，舊約用上這兩個希伯來詞指稱神在會幕及聖殿中的臨在，[47] 因此，這兩個希臘文詞語的含義是，神將要在新耶路撒冷城中與人同住，一如在會幕(出二

十五8）或聖殿中（王上八29）與以色列人同住一樣。

而令人詫異的是，新耶路撒冷城內並無聖殿（啟二十一22）。既沒有殿，又何來神的「同住」呢？

我們若仔細地觀察這異象，就可以看出兩點。第一，新耶路撒冷城是用寶貴的金石建造的，就像伊甸園（創二11～12）一樣。若把創世記二章11節至12節跟出埃及記二十五章7節作一個比照，我們就會發現，伊甸園的裝飾實際上就像聖所；著名的舊約學者韋漢（Gordon Wenham）留意到這一點。[48] 伊甸園不是只為休閒憩息之用，它其實是一所聖所，在那裏，神跟亞當夏娃會面。

第二，新約學者包衡指出，新耶路撒冷城的設計就像舊約聖殿中的至聖所，它呈立方體（啟二十一16），就這一點來說，這城跟人們所能想像的城不一樣，卻跟聖殿內的至聖所相似（王上六20）。[49]

就各方面來說，新耶路撒冷既是一座城，又是一座聖殿，它是聖殿城（temple-city），[50] 雖然城內無殿，但是城本身就是一座殿了。[51] 神豐豐滿滿地在那裏與人同住，在那裏，人可以敬拜祂，如同起初被造的時候那樣（創二15）。在這新的耶路撒冷，神要再次與人同住（啟二十一3），像在伊甸園那樣（創二章）。

最後，神終於實現了那貫串舊約的千古應許：「我要住在他們中間」（結三十七26～28）。

另一方面，約翰在異象中又看見神的子民將要進入一種未曾經驗過的神人關係中：「他們要見祂的面」（啟二十二4）。沒有一個必朽的人可以看見神的面而不死的（出三十三20～23，士六22～23），「面」代表一個人的本質；見神的面就是認識神、認識祂的本性。[52] 因此，到那日，「各人不再教導自己的鄰舍和自己的弟兄說：『你該認識耶和華』，因為他們從最小的到至大的都必認識我。……這是耶和華說的」。(耶三十一34)

新天新地的異象

最後，約翰在異象中看見一個新天新地(啟二十一1～8)。約翰看見的不只是新耶路撒冷，他看見了一個新天新地，新耶路撒冷在其中，那是新天新地不可或缺的一個部分。

啟示錄二十一章1節的背景取自以賽亞書六十五章17節(參賽六十六22)。[53] 該處神保證要創造一個新天新地。以賽亞書跟啟示錄一樣，同樣講及一個「異象」。以賽亞書一開始神就傳召天地作祂的見證人，要見證祂那悖逆子民的不是(賽一2)，到了以賽亞書的末段，神應許說：將有一天，祂要造新天新地(賽六十五17)。[54]

新天新地的異象不但可追溯至以賽亞書六十五章，它其實可追溯至創世記一章1節：「起初，神創造天地」。據很多學者(如 B. W. Anderson[55] 及 John Sailhamer [56]) 指出，創世記一章1節早已隱含了末世的概念，「起初」(‘beginning’)一詞必然意味著相對的「末後」(‘end’)。既有起初，就必有終結。如果神起初創造了天地，祂最後也必另造一個天地，一個新天新地。

「新」的天地跟「舊」的天地有何不同？不論以賽亞書的異象或約翰的異象中，都沒有詳細交代這一點。

我們對新的天地所知無幾，對舊的天地也是一樣。然而，約翰指出了新天新地的一個特徵，就是在新天新地中，海不再存在了(啟二十一1)。但以理書及啟示錄中的海是邪惡的象徵，這兩卷關係密切的書卷中描述的獸，都是從海中上來的(但七3；啟十三1)，舊的天地曾被人類的罪所污染，成為撒但活動的領域，在新的天地中卻不再有罪惡，龍和獸都被消滅了，不再存在了。在那片新的天地，只有「平安」。

起初神獨自創造大地(創一1；耶十11)，到最後，這位創造的神將要創造新天新地(啟二十一5)。[57]

「神在萬有之先，是萬有的創造者，祂要將萬有帶至終末的實現，祂是一切歷史的根源和終點。祂最先發話，創造了天地；祂擁有最後的發言權，創造新的天地。」

神說：「我是阿拉法，我是俄梅戛」(啟一8)，「我是初，我是終」(啟二十一6)。

結論：活在異象中

啟示錄不但向我們傳遞異象的內容，更鼓勵我們去懷抱這個異象。

從約翰的觀點看，異象於信仰是重要的，沒有異象，我們就活得沒有力量，沒有盼望，但如果我們心中擁有這個異象，我們就有內在的能力，忠心作見證以至於死，並有能力去克服所有敵對的邪惡勢力。

可悲的是，今天我們很少談及異象，更可悲的是，我們已把「異象」一詞從我們的信仰挪掉了。願主憐憫我們，讓我們成為有異象的人。馬丁·路德·金說：「我有一個夢」；讓我們也都說：「我有一個異象」。願約翰的異象成為我的異象。

註釋：

1 Ferrell Jenkins, *The Old Testament in the Book of Revelation* (Grand Rapids: Baker, 1972); Merrill C. Tenney, 'The Old Testament Background of Revelation'; 'The Symbolism of Revelation', in *Interpreting Revelation* (Grand Rapids: Eerdmans, 1957), pp.101～112及pp.186～189; Richard Bauckham, *The Theology of the Book of Revelation* (Cambridge: Cambridge University Press, 1993).（此書已有中譯本，包衡著，鄧紹光譯：《啟示錄神學》〔香港：基道，2000〕。）

2 據Guthrie所言，「這書是針對第一世紀的特殊歷史處境而發的信息，同時，它也是關於末時的一個異象。」(Donald Guthrie, *New Testament Theology* [Gowners Grove: IVP, 1981], p. 812.) Carson, Moo和Morris 亦指出，可從啟示錄一書看見「一個異象，關乎基督在歷史上建立王權」(D. A. Carson, Douglas J. Moo & Leon Morris, *Introduction to the New Testament* [Grand Rapids : Zondervan, 1992], p. 483)。

3「他集合舊約中所有他認為是指向終末將來盼望的線索，把它們聚在一個全新的異象中，表明那些線索將要如何實現」(Bauckham, *Theology of Revelation*, p. 144)。

4 Bauckham, *Theology of Revelation,* p. 146.

5 Bauckham, *Theology of Revelation,* p. 144.

6 Bauckham, *Theology of Revelation,* p. 5.

7 Richard Bauckham, *The Climax of Prophecy: Studies on the Book of Prophecy* (Edinburgh: T&T Clark, 1993)。因此，基督徒的聖經以啟示錄作為結束是最合宜不過的。

8 有關約翰如何引用舊約聖經，可參G. K. Beale, *The Use of Daniel in Jewish Apocalyptic Literature and in the Revelation of St. John* (Lanham, New York and London: University of America Press, 1984); J. Fekkes III, 'Isaiah and Prophetic Traditions in the Book of Revelation: Visionary Antecedents and their Development' (博士論文，University of Manchester, 1988)。

9 Steve Moyise, *The Old Testament in the Book of Revelation,* JSNTSS, vol.93 (Sheffield: Sheffield University Press, 1995), p. 60.

10 Moyise, *The Old Testament in the Book of Revelation,* pp. 52～53.

11 Moyise, *The Old Testament in the Book of Revelation,* pp. 53～54.

12 William Barclay, *Great Themes of the New Testament* (Philadelphia: Westminster Press, 1979), p. 85; Merrill C. Tenney, *Interpreting Revelation* (Grand Rapids: Eerdmans, 1957), p. 188.

13 Gerhard A. Krodel, *Revelation* (Minneapolis: Augsburg, 1989), p. 249.

14 參黃儀章：《但以理書文學註釋：活出盼望》(香港：天道，2002)，頁71～78。相同的圖畫見於但以理書二章；從但以理書的整體結構來看，第二章跟第七章關係密切，第二章的大像所表達的是一個整體性的概念，因此當石頭打在該像的腳上以後，砸碎的不單是腳而是全身(但二34、35、44)。

15 Bauckham, *Theology of Revelation,* p. 21; Tenney, *Interpreting Revelation,* p. 108.

16 F. F. Bruce, *The Message of the New Testament* (Exeter: Paternoster Press, 1972), p.86; Bauckham, *The Climax of Prophecy,* pp.193～194.

17 黃儀章：《創造、立約與復和：五經主題研究》(香港：天道，2000)，頁159～160。

18 Bauckham, *The Climax of Prophecy,* p. 195.

19 Bauckham 說：「一旦認出這龍即以賽亞書二十七章1節的龍，就可預期到這龍將要被打敗」(Bauckham, *The Climax of Prophecy,* p.195)。

20 John Sailhamer, 'Genesis', in *The Expositor's Bible Commentary,* vol.2, ed. Frank E. Gaebelein (Grand Rapids: Zondervan, 1990), p. 55.

21 John Sailhamer, *NIV Compact Bible Commentary* (Grand Rapids: Zondervan, 1994), p. 597.

22 有關從彌賽亞的角度去解釋詩篇二篇，參Walter C. Kaiser, *The Messiah in the Old Testament* (Grand Rapids: Zondervan, 1995), pp.96～99; Sailhamer, *NIV Compact Bible Commentary,* p.315; James L. Mays, *The Lord Reigns: A Theological Handbook to the Psalms* (Louisville: Westminster /John Knox, 1994), pp. 108～116; Gerhard van Groningen, *Messianic Revelation in the Old Testament* (Grand Rapids: Baker, 1990), pp. 333～339。

23 Sailhamer, *NIV Compact Bible Commentary,* p. 601.

24 Bauckham, *Theology of Revelation,* p. 74.

25「羔羊的意象解釋了大衛彌賽亞獲得勝利的途徑」(Bauckham, *Theology*

of Revelation, p.74)：「那獅子帶有羔羊的溫馴，且藉死亡克勝敵人」(Graeme Goldsworthy, *The Gospel in Revelation* [Carlisle: Paternoster Press, 1984], p. 22)。

26 Bauckham, *The Climax of Prophecy*，頁183:「耶穌基督是猶大的獅子、大衛的根，但約翰卻『看見』祂以羔羊的形像出現；正是透過將兩個具強烈對比的意象並列，約翰就鑄造了一個藉犧牲之死得勝的符號。」

27 這跟Bauckham的看法不同，Bauckham 認為獅子羔羊的混合體「本質上是一個新的符號」(Bauckham, *The Climax of Prophecy,* p. 183)。

28 「很可能約翰在啟示錄五章6和9節不但引喻逾越節的羊羔，也引喻以賽亞書五十三章7節，該處描繪受苦的僕人為一隻犧牲的羊羔」(Bauckham, *Theology of Revelation,* p. 71)。

29 有關從彌賽亞的角度闡釋那個「僕人」，詳見T. D. Alexander, *The Servant King* (Leicester: IVP, 1998), pp. 108～112; R. T. France, 'The Servant of the Lord in the teaching of Jesus', in *Tyndale Bulletin,* vol.19, 1968, pp. 26～52; idem, *Jesus and the Old Testament: His Application of Old Testament Passages to Himself and His Mission* (Grand Rapids: Baker, 1982); F. F. Bruce, *New Testament Development of Old Testament Themes* (Grand Rapids: Eerdmans, 1968), pp. 83～99。

30 Bauckham, *Theology of Revelation,* pp. 76～77.

31 Bauckham, *Theology of Revelation,* p. 77.

32 黃儀章：《但以理書文學註釋》，頁89～95。

33 Bauckham, *Theology of Revelation,* p. 107.

34 Bauckham, *Theology of Revelation,* p. 107.

35 Bauckham, *Theology of Revelation,* p. 135.

36 Graeme Goldsworthy, *Gospel and Kingdom*, rev. ed. (Carlisle: Paternoster Press, 2000), pp. 49～51.

37 Bauckham, *Theology of Revelation,* p. 137.

38 Bauckham, *Theology of Revelation,* p. 137.

39 黃儀章：〈受造為祭司〉，載《基督教週報》第1809期，1999年4月25日。

40 黃儀章：《創造，立約與復和》，頁108～110。

41 Bauckham, *Theology of Revelation,* p. 132.

42 Bauckham, *Theology of Revelation,* p. 132.

43 Bauckham, *Theology of Revelation,* p. 133.

44 Bauckham, *Theology of Revelation,* p. 141.

45 Bauckham, *Theology of Revelation,* p. 141.

46 正如Bauckham在*Theology of Revelation*，頁135所指出的。

47 Bauckham, *Theology of Revelation,* p. 140.

48 Gordon J. Wenham, 'Sanctuary Symbolism in the Garden of Eden Story', *in Proceedings of the World Congress of Jewish Studies,* vol.9 (1986), pp. 19～25.

49 Bauckham, *Theology of Revelation,* p. 136.

50 Bauckham, *Theology of Revelation,* p. 134.

51 Bauckham, *Theology of Revelation,* p. 136.

52 Bauckham, *Theology of Revelation,* p.142.

53 William Dumbrell, *The End of the Beginning: Revelation 21～22 and the Old Testament* (Grand Rapids: Baker, 1985), p.167; Bruce, *The Message of the New Testament* (Exeter: Paternoster Press, 1972), p. 87.

54 Yee Cheung Wong, 'A Text-Centered Approach to Old Testament Exegesis and Theology and Its Application to the Book of Isaiah' (博士論文，Trinity Evangelical Divinity School, 1994).

55 B. W. Anderson, *The Unfolding Drama of the Bible* (Philadelphia: Fortress Press, 1988), p.75; idem, *From Creation to New Creation: Old Testament Perspectives* (Minneapolis: Fortress Press, 1994), p. 34.

56 Sailhamer, 'Genesis', p. 20.

57 Bauckham, *Theology of Revelation,* p. 27.

啟示錄詮釋

沈志飛(Jeffrey Robert Sharp)
香港浸信會神學院新約及靈修學教授

本文轉載自《山道期刊》第六期（2000年5月），
頁24～42。蒙允轉載。

大多數的人都得承認啟示錄是其中一本最難詮釋的書。此外，很多邊緣羣體及異端小派都曾利用此書，編造出有關世界末日各種光怪陸離的理論學說。因此，基督徒很少使用這卷置於基督教聖經最末後的書是不難理解的。正如摩利思(Leon Morris)所言：

> 書中充滿著怪異的象徵意義。既有多頭多角的怪獸，又有令人難以想像的非凡現象如「海的三分之一變成血」(八8)。現代的讀者感到此書十分怪異。再者，某些註釋學者聲稱發現一些奇異的預言，讀者不僅未被吸引，還會覺得學者的獨創性只能與其不可能性互相映照。結果就是，對很多現代人而言，啟示錄仍舊是一本未打開的書。[1]

有否可能明白啟示錄？一如上面所述的，有些人認為不可能。又有些人認為絕對可能。他們還可以作出全面的解釋，從啟示錄及其他聖經書卷中，藉詳盡的圖表(有時還用顏色)把將來重新建構起來。後者過分的聲稱，把很多真想明白啟示錄的人拒諸門外，使他們感到那些圖表難於接受。一批人武斷，另一批人放棄，人們是否必須在二者之間擇其一呢？非也。因為啟示錄希臘文本劈頭的第一個字 *apocalypsis*，已開宗明義地表明此書是要為人所明白。此字即「啟示」(revelation)的意思，此書亦是以此命名。書中的基本意思不僅可以明白，其信息對基督徒生命尤為重要和逼切。

關於啟示錄的詮釋，歷世以來都受到多方的誤用和濫用。四世紀時的耶柔米 (Jerome) 寫信給奴拿 (Nola) 的主教保連紐斯 (Paulinus)：「啟示錄的祕密多如其字數。我無法用言語道盡，它實在令人讚嘆；因為每一個字詞裏都隱藏著多重的意義。」(Ep.liii,9)[2] 不幸的是，這種情況意味廣為詮釋者所使用的寓言法，一直應用到現代批判時期。老式的寓言法就是詮釋者把自己那不著邊際的想像強加於經文之上。另一種極端的人卻認為啟示錄毫無意義。一五二二年馬丁路德這樣寫啟示錄：「我的靈不能容忍此書。這個小小的堅持有一個充分的理由——書中從未教導過基督的道理，亦未承認過祂。」[3] 時至今日，大部分詮釋者與基督徒都不會採納路德的評估。很多人不僅同意啟示錄高舉基督及祂的十字架，也同意書中那基督論的亮光表明了世界的特性與命運。[4]

如此，人們應該怎樣看待此書呢？人們當怎樣詮釋啟示錄？

詮釋者必須避開非批判性教條主義者的主張，即把啟示錄簡約成為將來的藍圖；亦要慎防多人所持的完全放棄的態度。我們既不能任由人把此書變成一派胡言；也不能因有些學者視之為次基督教的，未能接受其中想像的全部「精髓」而放棄之。

考據學的貢獻

儘管考據研究未能全部解開啟示錄之謎，但它已為人們提供了一個清晰而有力的理解。來自不同傳統和神學立場的學者，在詮釋啟示錄上提供了一個穩固的基礎。他們在細節上雖各有不同，卻已達至了充分的協議。[5]（我們當然不能忽略他們對啟示錄的一些重大分歧，如書的真實背景、主要目的與重大的神學主題等。）這些學者的共通點就是基本的方法論。他們全部都嚴謹地對待書中的歷史脈絡，雖然就其精確的指涉各有不同的理解。他們也都認識到書中藉以傳遞信息的文學體裁——即每逢遇有危機時，無數猶太人與基督徒作者所採用的極具詩劇色彩的天啟文體。

啟示錄之文學類型

要明白啟示錄，最重要的是先認清楚其文學體裁。人們通常稱它為天啟（apocalyptic）文體。從基督降生之前的兩個世紀，到其後的兩個世紀，我們發現了無數出自猶太人與基督徒手筆的著作都有一些共通的特性。猶太的啟示文學始自但以理書（其實「天啟文學的傾向」早已見於賽二十四～二十七章；結三十八～三十九章，及亞九～十四章），書中經常指涉「主的日子」臨近。

在舊約以外較為重要的天啟文學著作包括有：《以諾一書》、《禧年書》、《巴錄啟示錄》、《以賽亞升天記》、《十二族長遺訓》、《所羅門詩篇》、《摩西升天記》、《西布林神諭》……等。[6]

雖然天啟文學的出現是基於實際的處境需要（通常是面臨極大危機時，可以是真實的或是預見的），可是一般歸類為天啟文學著作的，它們之間仍有極大的分歧；而人們仍在爭辯該文體的風格或內容的精確定義。[7]所以，儘管「天啟文學」一詞的意義再也不能少於一種詩體或象徵性文學的形成或是性質，然而指天啟文學是一種文學體裁仍然是合理的。雖然還未有一系列明確的特性來區別所有天啟文學的著作，但這些作品確實十分靠賴異象、天上的使者、想像及象徵。

天啟文學的宇宙觀一般是分為兩大陣形：一善一惡。兩個陣形陷於長期可怖的戰爭之中。在衝突的背後就是兩股超自然力量（上帝與撒但）在人事和機制方面的比拚。在日常生活中要把兩者的作為明確地分辨並非易事，這正好解釋為何啟示通常需要借助天使或天上的傳訊者。到了時間的終結時，每一個人都會站在這邊或是那邊。兩者最終的分隔就在那審判的日子（或稱為主的日子）。

天啟文學作品通常包涵歷史終局的預測，把焦點放在世界的終結時代。那時美善會戰勝邪惡。現時的困境有時會被指為「產前的陣痛」，並延展至末日。神有至高的權能，祂定了時限施行審判和證實祂的公義。當最後之役臨到時，邪惡的權勢將連同其羣黨（通常是指列國）徹底地被消滅。其後，新秩序得以建立起來。那末日就是新的開始，而樂園亦告重現。[8]

書卷的獨特性

約翰的啟示錄不僅有天啟文學的一些基本的觀點、主題及文學特性，它在神學視野及它所拼合的文學特徵上，也有單屬於自己的特性。[9]

書的開始和結束取用了書信的形式。書中那七封信(二～三章)除了見於本書外，大概從未流通過。整卷書都被作者視為一封信，是寫給「亞西亞的七個教會」的(一4)。作者起首第一個詞已把此書定為天啟(apocalypse)(一1)。其後又稱之為「預言」(一3；比較十九10，二十二7、9、10、18～19)。[10] 故此，本書既與各類的著作有相似之處，然而也擁有自己的獨特性。

啟示錄需要人們抱嚴肅的態度研讀(一3，二十二18下)，可是作者一開始已警告人不能全按字面意義理解。第一節更進而肯定書中的信息是以符號(*esēmanen*)表述的。在一章20節，作者為其象徵手法舉了些例子，說明「七個金燈臺」是指「七個教會」，而「七星」是指「七個教會的使者」。書中一些象徵意義相當明顯，但有些卻是隱晦的，或是超出了釋解能力的。大概某些聲音、顏色、動作及人物的出現，乃是要營造敬畏、懼怕、敬虔、可怖、希望、或平安等感覺與情懷，無必要將之約化為一個特別的概念。書中的整體信息較其中某些部分來得更為明晰。

若要明白啟示錄，另一線索是要了解它對舊約的應用。[11] 書中有很多地方，有人甚至說是數以百計的，是從舊約借用過來，但卻沒有一項是直接引述的。作者隨意從舊約借用字眼、短語及想像，但其使用的方式是有創意的——把它們轉化為新的表達陳述。因此，人們要明白啟示錄便不能單看舊約經文本身的意思，也不能單從這些古舊的來源建構自己的邏輯系統。這並不是說要查明約翰寫作的源頭或其原先的意思只會徒勞無功；乃是說明人們必不能把源自別處的意思強加於啟示錄之上。最站不住腳的正是那廣為人所採用的方法，把從不同先知書中選取出來的經節串連起來，混雜成一個詩體經文的系統。這樣做不僅對舊約經文原先的處境與意思不公平，也不能明白我們最終是要尋求約翰在運用舊約材料時的意思，而不是那些材料用在其他經文時的意思。

所有著作均需要詮釋。那些稱為「字詞」(words) 觸及聽覺與視覺的象徵，並沒有必定「以一對一」的意義或解釋。沒有人會以「字面的」意思去理解任何著作。面對任何著作，讀者要尋找的是著者的意思。就某個意向或意思，說英語的人會說 'book'，說廣東話的說「書」，德人會說 'Buch'，法人說 'livre'，而希臘人則說 'biblion'。所有語言都是象徵性的。以散文來說，不少時候會使用象徵手法，而它所表達的意思一般是相當明顯的。但就詩體而言，卻並不如此。反之，更為想像性，也更為含蓄婉轉。聖經裏充滿了直喻、隱喻、誇張法，並一如詩體與戲劇體的修辭手法。當耶穌說：「我是門」或說「這是我的身體」時，只有毫無想像力的人才會按照「字面意義」來理解他的說話。若要嚴肅地對待這般的語言，人們就不要 (其實是不應該) 按字面去理解。對散文尚且如此，對於如啟示錄這類高度戲劇化、詩體化及象徵化的書更應如此。這本偉大的書所有的數字、人物、動物、城市、顏色、聲音，還有很多其他的事物，只向那些對此種表達手法敏銳和有反應的讀者打開其內裏的意思。這不是說讀者要後退，轉向古舊的寓言，或是接受今天古怪系統的瘋狂解釋。人若要明白作者的意思，就必須進入他的思想世界及象徵世界裏。[12]

書中的真實背景

一如上述，天啟文學興盛於危機的處境，人們通常是處於受壓逼或是受逼害的時期。其全盛時期約於主前一六五至主後一三五年間。一般而言，但以理書達至現有的形式，該是在安提阿古的時期(Antiochus Epiphanes，主前175～164年，他是個壓逼猶太人的西利亞王)。新約的啟示錄，其希臘名為*Apocalypsis*(見啟一1)，大概是出自羅馬皇帝多米田(Domitian，主後81～96年)時代。多米田自視為*Dominus et Deus*(意即主和神)，並要求所有臣民拜他為神。[13]約翰卻認為這是以偶像褻瀆神。敬拜只能是向神的，不能拜人，也不能拜天使(二十二9)。面對如此的拜偶像法律，約翰斬釘截鐵地提出「公民抗命」。他呼喚基督的跟從者要表明立場，高聲作見證，保守自己不沾染世俗。並要以非暴力、公民抗命的方式來迎接世界非法的要求，甚至是預備接受殉道的結果。

紐文(Barclay Newman)曾對這個研究方法提出強烈的挑戰，力言啟示錄所反映的問題是諾斯底主義而不是逼害。[14]儘管紐文有力地指出諾斯底主義是啟示錄所關注的一個主要問題，然而這並不可能是書中惟一的或是主導性的問題。那七封信中(二～三章)，有很強的證據顯示匿名的諾斯底的威脅(比較尼哥拉、巴蘭、耶洗別)。四及五章把創造者與救贖者同列並論,或許也是為了反諾斯底,要駁斥前馬吉安教派(pre-Marcionite)主張重視救贖者而拒絕創造者的傾向。雖然啟示錄全書各處都可找到反諾斯底的動機,可是整體而言,說啟示錄主要是反諾斯底還是有欠公允的,因為書中還有很多地方顯示出逼害此一外在的威脅。

要能明白啟示錄,大概要從書中所關注的兩個主要問題入手:一為外在的逼害與壓逼,另一為內在的道德墜落。兩者之中,較大的問題似乎是來自教會以外的逼害。書中呼籲聖徒要以非暴力抵抗,冒死忠心地作見證。它還加以肯定,為基督擺上自己生命的,就嚐到清白與得勝的喜樂(如二7、10,三5、12、21)。世界似乎是得勝的,其實卻是失敗;反之,聖徒似乎是失敗的,實際上卻是得勝。事物的真相常不同於表面所見的。基督徒跟隨耶穌就要作一個見證人,而作為見證人就是成為殉道者。每一個真實跟從耶穌的人原則上都是殉道者。再者,「那位得勝的」正是那作見證的殉道者。

然而,在約翰轉而論述世界的審判以前,他先喚起教會自己去面對審判。七封書信對眾教會有讚譽也有罵斥,那要向世界發出的嚴厲審判,首先臨到教會內一切虛假與不忠的事和人。教會受到指責的兩件主要惡事是:諾斯底的異端和反對這異端時失去了愛心。

啟示錄是否出自多米田期間,迄今未成定論,但此說得到了部分外證的支持,還有相當的內證。[15] 愛任紐(Irenaeus)認為啟示錄是多米田統治末年時之作品(*Against Heresies*, V, 30, 3),儘管他以之來反對諾斯底,一如他使用但以理書般。尤西比(Eusebius)在其著作(*Ecclesiastical History*, III, 18, 1～4)追溯啟示錄至與多米田衝突的時候。但大家只認為這是一項脆弱的證據。更為具體有力,但仍未達至結論的內證,似乎是指向多米田的。關於「七王」的經節,其中五王已經傾倒了,一位還在,一位還沒有來到。更令人迷惑的問題,是那已傾倒了的五王當中,有一個也是第八個王(十七8～12)。這個說法似乎是建基於第一世紀「尼祿復活」的神話之上的。尼祿是第一個因逼害基督徒而惡名昭彰的羅馬皇帝。他於主後六十七至六十八年期間自殺,但多年後不少人卻相信他只是藏身於巴提亞(Parthia)並會回來復位。散佈此神話的人,實際上已利用了神話贏得一些跟從者(見Tacitus, *Histories*, 1.2; 2.8; Suetonius, *Nero*, 57)。固然,約翰並不真的視多米田即復活的尼祿,但他確是在利用此神話,指出多米田實際所行的就是「尼祿」。此舉使他可把耶穌這上帝的羔羊、被釘死後還活著的,與尼祿「那受了死傷卻醫好了」(十三3)的那「獸」作一對比。「羔羊」被殺,但祂的死卻是祂最終的得勝。那「獸」被殺,牠的死就是牠至終的死亡。十字架勝過刀劍;賜下生命的勝過奪取生命的。

啟示錄的信息

啟示錄的發展脈絡是可以追溯的,儘管不太可能藉著「重述」來明瞭書中那真實的力量，尤其是在這麼簡短的一篇文章內。若要全然地欣賞書中的信息與大能，必須讀之、聽之、見之、感之，以及體驗之。下面是啟示錄的信息與情節的概略描述。盼望讀者在挑戰和受感之下，翻閱上面提到的一些參考書以作深究。

一章

第一章是個導論。一如約翰福音的序篇，它首先指向耶穌，祂一直維持在整卷書的中心地位上。全書的基本意念都嵌入了第一章中。

在希臘文本，*apocalypsis* 是全文的第一個字。這是「耶穌基督的啟示」。耶穌基督既是主體，同時亦是客體——他是那啟示者，亦是被啟示出來的。雖然歷史的事件（現在的及將來的）都被揭開和詮釋出來，但真正的焦點卻是耶穌基督本身。祂的真正來源、性情、角色與得勝被揭示了。耶穌與教會的關係尤其會被揭示。祂要審判與救贖教會，並且差遣她、保存她，把她帶往其目的地。要揭開的當然也包括了祂與世界之間的爭戰，祂要施行審判，並要勝過它。

從整部新約來看，啟示錄是談終末的事，關注到在審判與救贖當中，歷史的最終目的。但其焦點是歷史，是當下的歷史。約翰寫到必要「快成」的事（一1；*en tachei*）。書中為當下的讀者就他們的實際處境提供了方向與保證。由於書中所關注之事是普世性的，所以也是向我們今天說的。這並不是為很久的將來所描繪的圖表。它是神為祂在世的子民所必須面對的境況所給予的指引和支持的說話。既是「預言」(一3；*prophetēia*)，又是啟示，是神對彼時彼地子民的說話。[16]就文學形式而言，啟示錄是戲劇，又是詩體，又具有強力想像的象徵。然而它是向會眾誦讀的戲劇。人們要讀之聽之，那些讀了聽了的人且要去「遵守」。

「亞西亞的七個教會」就是羅馬亞細亞省裏、在歷史上曾實際存在過的教會。[17]這些並不是不同的時代或「分期」，而是名符其實的教會。他們要因自己的德行被稱讚，又要因錯失與犯罪而受審判。七在這裏既是實際的數字，又有象徵的意義。七乃是完全的數目。對每個教會說的話，就是向所有教會說的(比較那重複出現的短句：「聖靈向眾教會所說的話，凡有耳的，就應當聽。」(眾數*tais ekklesiais*; 二7、11、17、29，三6、13、22 。也要注意二23所指的「眾教會」。)

耶穌基督是那位「昔在」「今在」「以後永在」的神(一4)。其他人既來了便成為過去，惟有祂存留。不僅祂將會來是有終極的意思，而且祂是那「以後永在的神」，意思是祂持續地來，持續地以審判與救贖進入自己所造的世界。祂是「世上君王元首」，又使子民成為「國民」和作神的「祭司」(一6)。祂既是最高的統治者，也是僕人。祂帶領子民進入祂的治權之中，又使他們獻上自己作服事。這就是啟示錄的信息。約翰向他那些身處於「患難、國度、忍耐」之中的弟兄與同伴說話(一9)，指出在這世上作基督徒就得面對衝突與爭鬥。我們需要有忠心，而我們也得著了在基督裏得勝的保證。

第一章以一幅令人望而生畏的圖畫作結——基督在眾教會中間行走。祂手中拿著死亡和陰間的鑰匙。祂掌管現在和將來，祂的子民蒙祂保守，但各人的生命都被基督看透，要不斷地更新變化。

二至三章

七封書信因應各個教會而有所不同。沒有兩封是完全相似的。這些均是歷史上真實的教會，他們也是各時各地眾教會在善行與惡行、熱心與冷淡、試煉與試探等方面的反照。以弗所是堅持反對錯謬、指出錯誤的教會，但她卻忘記了愛。 她正確地憎恨尼哥拉黨人的所作所為，大概是因其包容諾斯底的態度；可惜的是她因無法容忍而失掉了愛心。士每拿的外在景況是貧窮的，但其生命的素質卻是豐盛的。主沒有應許他們可以逃避壓逼或逼害，卻勸勉他們要至死忠心。不能朽壞的生命就是他們的冠冕。「得勝的」是那位賜生命的，並不是那取生命的(二11)。那些因喪失生命而尋得生命的，就不會有「第二次的死」(二11，二十14)。以弗所的罪是其不能容忍，與之相反，別迦摩的罪卻是她的容忍。儘管容忍與不容忍的分界不易確定和持守，但中間必有界線。世俗的教會可能逃避了世界的敵對；但她並不能享有「那隱藏的嗎哪」，也不能像那些蒙主賞賜「白石」的信徒得享安穩。他們的新名字寫在白石上，並且惟有這些名字是主所認識的。人不能同時被邀往世界的筵席而又參與主的筵席。此外，推雅推喇必須學曉怎樣分辨基督與文化宗教的反基督(敵基督)。[18] 後者誘人以政治、社會和經濟上的利益，但接受這些文化宗教的人必須面對那位「察看人肺腑心腸的」主(二23)。

撒狄外表上是活的，靈性上卻是死的(三2)。面對當時敵對的世界，這個教會毫無威脅力可言。現在回轉還不算是太遲，然而，若再不儆醒便可能會變得太遲了。非拉鐵非是打開了門的教會(三8)。建城時是要創立它成為一個傳播希臘語言的中心；現在福音正要從這個中心點傳遍世界。她自己的力量雖然微小，但那位要來的主卻有足夠力量。老底嘉是富裕的，又是沒感覺、令人厭惡的(三16)。她不冷不熱，安舒地適應了世界。這個教會並不知道自己困苦、可憐、貧窮、瞎眼和赤身露體(三17)。基督就站在外面叩門——在叩教會的門！與基督同坐在祂的寶座上，意指人必須藉著十字架像基督般得勝！

四至五章

這裏描述天上怎樣敬拜神。地上也應該是這樣敬拜的。「二十四位長老」與那「四活物」的意思並不肯定；但可以確定的是，他們對神獻上了完全和無休止的敬拜。那就是啟示錄的信息了。敬拜神！不要敬拜天使或人，不要敬拜凱撒、國家、瑪門或世界。只要敬拜神！敬拜那位在耶穌基督裏向我們啟示的神。

紐文看見啟示錄著力駁斥那分割創造者與救贖者[19]的諾斯底主義，他這看法可能是對的。直到馬吉安時期(Marcion)，就在第二世紀的中期，有些人由於更重視神作為救贖者，因而抗拒以神作為創造者，對舊約聖經也斷然拒絕。然而，馬吉安主義並不是空穴來風的，可能在此書尚未成書時，這些思想早已形成了。不管如何，約翰在四章裏強調敬拜創造者，繼而在五章裏強調敬拜救贖者。結束此一段落時描繪了一幅圖畫，就是天上、地上、地底下及海裏的每一個受造物，全都敬拜「那坐寶座的和羔羊」(五13)。神是獨一的神。救贖是出於神創造時的定旨，要在基督裏成就。人們都是在他們所處的歷史裏，在受造的存在裏得救，並不是離開那裏才得救的。[20]

五章明確地肯定只有基督才能帶來平安與公義(聖經中*shalom*的意思)。惟有祂才能把歷史推向其當有的目標。載有歷史或命運的那卷「小書」乃是在祂的手裏，而不是在凱撒或任何世上的偶像手上。接著，十字架這不斷重現的主題，又再次成為焦點了。惟有基督藉著死得勝了，才配得手中拿著那歷史與命運的書卷。超越了所有狹隘的民族主義，祂造了一羣新的國民，是來自「各族各方、各民各國」的(五9)。從這些人祂立了國度與祭司——他們要在世上作王統治。十字架是教會的得勝，有如基督得勝般。對於那些自封為偶像、表面上勝利、在世上擠壓人的強權，這就是啟示錄所給予的答案。世界以為 藉著操控他人，擴充權力，甚至是嗜殺，便可以掌握歷史和命運；其實基督才是那位能使人真正得勝的，祂所以得勝只因祂為他人而死。

六至七章

這裏開始描述追求權力的世界，以及在這樣的世界中受苦的教會。約翰用七印的異象來講述。頭四個印開得相當急速，四隻馬及四個騎士把它們帶到台前，那就是著名的「啟示錄的四騎士」。白馬大概象徵戰爭主義的得勝，或是無休止追求權力的世界，「勝了又要勝」(六2)。這是好戰的民族主義 (militant nationalism) 混合了「政治性的國度主義」(political messianism) 或是「要顯明命運」(manifest destiny) 的意思。這是世界使用殘酷暴力，把一己的意願和方式強加於身受其害的人身上。不要把這等殘暴無情的軍閥，與那在白馬上的騎士混為一談 (十九11)，因那是基督——「真正的」審判者和勝利者。六章裏陸續出現的紅馬、黑馬和灰馬，分別象徵流血、饑荒和死亡。這些結局與世界急速走向其「要顯現出來的命運」實在非常相似。世界企圖自救和全局勝出，實際上卻證明了自己是朝向死亡而不是奔向生命。

第五印被打開，顯示在這個以權力為主導、朝向死亡的世界中，聖徒會有何遭遇。他們盡都是殉道的。約翰似乎看所有聖徒都是殉道者，最低限度是面臨殉道的。然而聖徒在神的祭壇之下卻安全穩妥。他們呼求神為他們伸冤，可是神卻告訴他們會延遲審判。延遲審判是一個奧祕，但他們卻得到保證，至終神會賜下平安，並為他們伸冤。那刻他們必須忍耐著等候，正如那些與他們同作僕人的擺上自己的生命來得其「成全」。這些殉道的聖徒都是不容於世的。

第六印的圖畫，與從第五印開展出來的景象成了尖銳的對比。以前殉道者要在神的祭壇下尋求安穩，現在基督卻要審判世界。面對「羔羊的憤怒」(六16),那些君王、臣宰、將軍、富戶、壯士、為奴的和自主的,都在尋求藏身之所,可是卻無處可避。

七章再度講述聖徒的安全和得勝。起初他們被形容為以色列十二支派中受了印的十四萬四千人(七1~8)。及後又被形容為來自各國數之不盡的許多人(七9~17)。[21] 啟示錄裏只有兩項選擇,一是凱撒的印,一是基督的印。凱撒的印是真正的「獸的印記」(十三16下),它雖然答應給人平安,卻只會引人墜入捆鎖之中。那羔羊的印雖然沒有令人免於殉道,卻是使人得著勝利與生命。那十四萬四千人代表著所有的聖徒,都歸在得贖的以色列模範之下。那數目是象徵性的,不需要比啟示錄中其他數目更字面化的解釋。但支派沒被提及,其位置由瑪拿西取代。瑪拿西是約瑟之子,所以瑪拿西那一萬二千與約瑟的一萬二千實是指同一羣人。那些數目有兩個意思:一是真正的或得贖的以色列,二是所有聖徒的總數目。全部都得了印記,所以全都得了安全。那「沒有人能數過來,是從各國各族各民各方來的」,把聖徒按不同的國族分辨開來。所有都是「殉道者」,也都是得勝者。靠著「那羔羊的血」他們得勝了。羔羊是他們的牧人!是那麼吊詭!是那麼諷刺!是那麼大恩惠!羔羊牧人帶領自己的子民來到活水泉源,讓神抹去他們眼上的淚水。

八至十一章

隨著打開第七印而來的,並不是預期中的結局,而是吹響了七枝號。懸疑的氣氛和期待有增無減。當號一枝又一枝地吹響時，可怖之事便充斥著世界。其中一些事件使人不期然想起了埃及的災禍（出七8～十一10）。羅馬是新「埃及」，而約翰看見了聖徒又一次「出埃及」。正如法老的心在面對審判時仍然頑梗，這世界也拒絕悔改，更變本加厲地墮落。用來描繪人類邪惡的無底坑，是以煌蟲和可怖的二萬萬「戰馬」及騎士作象徵。轉趨「惡魔化」的世界帶來災禍與自我毀滅（九11）。雖然如此，世界仍然堅拒悔改（九20～21）。

十與十一章再次描述神得勝，祂要審判惡人與判定聖徒清白。「小書卷」打開了，其中的信息既苦又甘。時候到了（十6），要向整個穹蒼宣佈那書卷的信息了，十一章提到主的「兩個見證人」。可能是隱指特定的人物（所羅巴伯與約書亞、摩西與以利亞、彼得與保羅？）；又可能是指神子民中兩個真實的見證人（猶太教要求「兩個見證人」，見民三十五30；申十九15；比較太十八16）。不管指的是誰，這兩個見證人都被殺了，並且被棄在「大城裏的街上，這城按著靈意叫所多瑪，又叫埃及，就是他們的主釘十字架之處。」（十一8）約翰說的「大城」明顯是指世上任何一個城市。可以是所多瑪、埃及，或是耶路撒冷——「這世界之城」充斥著罪惡、捆綁與叛逆。把基督釘十字架的世界殺了見證人，他們看似勝利，並有短暫的慶祝。世界因先知的聲音而受苦，所以要令先知閉口不言（十一10）。然而被殺的見證人復活過來；神這兩位先知仍然活著。

第七枝號描繪的是基督的得勝：「世上的國成了我主和主基督的國；他要作王，直到永永遠遠。」（十一15）「國」（*basileia*）一詞意指「統治」或「作王」。絕對的王權屬於神及祂的基督——昔日、今時、將來也是如此。[22] 伴隨這個王權而來的，是個兩面的保證：那「連大帶小」事奉祂的人要得獎賞，以及那些敗壞世界的人要得敗壞（十一18）。

十二至十四章

從這兒起（至二十二章）是啟示錄新一部分的開始。此處重述大部分六至十一章內的信息，所不同者，是其以新的想像把本書的作者與首批讀者的歷史實況更清晰地呈現出來。它更清楚地讓人看見基督與撒但、教會與世界兩者之間的衝突，是引向撒但及世界的終極失敗，以及基督與祂子民的最終得勝。

十二章講述一個「婦人」和她所生的「孩子」，又有一條「大紅龍」要先後吞吃那孩子和婦人。在書中這個象徵化的想像裏，婦人指的是耶穌所來自的及由祂所創造的羣體。由於是寫給早已熟悉該故事的基督徒，那先見只須花數行的篇幅便能寫盡耶穌自出生到升天的事迹（十二5）。十一節可說是全書的關鍵所在：「弟兄勝過牠（大紅龍），是因羔羊的血和自己所見證的道。他們雖至於死，也不愛惜生命」。基督與祂子民靠賴十字架得勝。攫取生命的失掉生命；捨棄生命的卻贏得生命。

十三章裏出現了兩隻「獸」。海上來的獸明顯是與政治有關的。牠受了傷，但牠的傷卻痊癒了。從十七章8節，我們看到那獸似乎是與第八個王同一身分，也被列在之前七個王之內。這裏似乎是指多米田為「尼祿」的復活。在十三章中，作者描繪出海上來的獸的偶像本性。牠的名為「褻瀆」(十三1)，牠逼害聖徒，又為世界所膜拜。聖徒不能即時逃避，他們只能忍耐牠的猛擊，容忍邪惡而不報復，以致獸的生命得以延長。這就是「聖徒的忍耐和信心」(十三10)。

從地中上來的獸(十三11)是與宗教有關的。牠代表著膜拜第一個獸的宗教。這是個屈從於國家政府的宗教，是公民的宗教。這假宗教要強逼人接受第一個獸的「印記」(名字)。沒有受印記的，便不得做買賣。這就是政府所提供的安全感與繁榮，其代價是人的品格和靈魂。約翰知道那統治者是誰，還顯明他的「數目」(*gematria* 中，若字母也加入數目系統中計算，一個人的數目是其名字的字母數值之和)。那獸的數目是六百六十六，很可能是「尼祿」的數值。[23]

在十四章內，我們看到那公民宗教的兩隻獸，與羔羊及跟從祂的十四萬四千人互相對比。一如該數目所出現的幾處經文，此處也不能取其字面的意義。這裏指他們都是男性，還是童身的。正如七章所記的，他們全都來自以色列的眾支派。這像是指他們是那與基督同作王一千年的人(二十1～6)，其後便要遭到斬首，殉道而死(二十4)。若以字面意義來看這十四萬四千人，就必須排除所有非以色列人、所有婦女、所有非童男的，以及所有沒有遭斬首而為主殉道的人。相信那數目是象徵性的，然其用意是嚴肅的。聖徒雖然被殺，但他們卻得到與基督永遠作王的確據。

自十四章8節開始，那為「巴比倫」所唱的輓歌或喪葬之歌唱過一回又一回。巴比倫是「娼妓之城」，即世界本身。表面上看來，她得著所有的權能和繁盛，但她卻是注定自我毀滅的。對比而言，聖徒雖受苦，但至終會得勝。那死在主裏的，會卸去辛勞（*kopōn*）而得安息；而他們工作的果效（*erga*）仍然伴隨著他們。

十五至十六章

作者以七個大怒的碗作象徵，描繪了新一輪的審判。印、號及碗的象徵意義不一定是順序的。這可能有重疊，甚至是週期性的重複，其原意並非在製作一張順序的歷史圖表；而是要把世界的真正特性和命運顯明出來。那「獸」的跟從者也變得有獸性。他們是自取其咎，因為他們拒絕悔改（十六9、11）。那「龍」、「獸」及「假先知」組成了邪惡的「三位一體」，由此而生出好像青蛙的「三個污穢的靈」（十六13）。

十七至十八章

這裏為「那大淫婦」作了最終的描繪。大概約翰當時心中所想的是羅馬，但也有可能是所多瑪、巴比倫、埃及、耶路撒冷，或是世界本身。這是偶像化了的政治、宗教、軍事、經濟的混合體（比較六、十三、十八等章）。它竊取了神的地位、功能和權柄。這是世界甘於墮落，拒絕悔改和信靠神。「先前有，如今沒有，將要從無底坑裏上來，又要歸於沉倫」(十七8)的「那獸」就是其縮影。這大概是「昔在、今在、以後永在的神」(一4)的對比。眾「尼祿」及世界本身要成為過去，神卻會永存。

巴比倫傾倒了，神便呼召祂的子民「出來」(十八4)。啟示錄的一個主要信息，是神的子民要從世界「出來」，要與世界分隔開。這裏可能暗示祂的恩典仍然是開放的，神仍然在呼召世界裏還未「出來」，但卻可能會「出來」的人歸向自己。約翰並不憎恨世界，他呼召人悔改的聲音直響至本書的末了(比較二十二17)。由此可見，世界不能不喝的「苦杯」乃是她自己所調的(十八6)。

在巴比倫傾倒的時候(十八3、11、23)，地上的客商出現了。現在人們知道客商是既得利益者，又是在背後搞作的。他們大發世界邪惡之財。約翰勾劃他們的貪得無厭時，說他們非法買賣「金、銀、寶石、珍珠、細麻布、紫色料、綢子、朱紅色料，各樣香木，各樣象牙的器皿，各樣極寶貴的木頭和銅、鐵、漢白玉的器皿，並肉桂、荳蔻、香料、香膏、乳香、酒、油、細麵、麥子、牛、羊、車、馬，和奴僕、人口！」(十八12～13)。人與貨物混作一塊兒，這就是拜瑪門。這是對人的剝削，視之有若牛羊或貨物。

約翰一不是苦行者，二不是憎恨世界。他恨惡物化主義，而非物質本身。他可以運用同樣的物件來形容天上之城(二十一章)。他認識自己的世界，包括了其中的每一方面。他並非不通世故，不通文化。他曾見過世上的奢華。他認清道德是世界的問題。人類的敗落是出於他們與世界同流合污。基本上，人類最大的危機是源自偶像的問題，因為人類及人的組織常想擁有本來單單屬於神的東西。

十九至二十章

「哈利路亞！因為主我們的神、全能者作王了！」（十九6）。這就是先見的信心，當然，神的子民還有份於神得勝的王權。與「娼妓之城」相對的是「聖潔之城」、「羔羊的新婦」。新婦所穿的不是「巴比倫」的奢華衣服，而是「潔白的細麻衣」，那代表著聖徒的義（十九8）。聖徒的最終勝利由騎在「白馬」（十九11）上的、那「誠信真實」的一位加以保證。祂以「利劍」作戰，那並非屬世的劍。「利劍」從祂口而出，即指神的道。那「獸」其實是被「愛國的」假先知所出賣。聖經中的「假先知」幾乎常常是充當著王廷的牧師，並以「神與國家」為幌子說王喜歡聽的話。

二十章對「千禧年」（二十4）作出描繪。整本聖經只有這裏說明「千年」作王的情況。同樣，我們解釋這個數字時，也是取其象徵意義。對此應許我們要有嚴謹而認真的理解，但並不需要按其字面意義理解。重點是要確認那些殉道者得與基督一同作王。只有殉道者才可與基督同作王。約翰看所有基督的跟從者為殉道者，包括了將要殉道的，或最低限度是原則上殉道的。他們得了復活的保證，將來不會遇見「第二次的死」，即那「地獄的滅亡」（二十6、14）。

二十一至二十二章

啟示錄作結時勾劃出一幅聖徒得著永恆獎賞的圖畫。聖城新耶路撒冷及新婦，與世界之城及淫婦成為強烈對比。聖徒(得勝的)與永活的神在一起(二十一7)，可白白地享用生命活水之泉(二十一6)。書中一再強調神要人自我否定和獻上自己，但現在神的應許實現了！這是復活與生命的應許，是完全的、肉身的、全然得贖的一個整全性的存在。

儘管書末所含的審判與警告很是沉重，但最後仍是以福音信息結束。直到最末後處，呼召延開來了，邀請發出了：「聖靈和新婦都說來，聽見的人也該說來，口渴的人也當來；願意的都可以白白取生命的水喝。」(二十二17)

隨後的警告指出任何人都不能加添或刪去書中的預言(二十二18～19)。盼望與審判的信息，鼓舞與雪冤的信息，必須完完全全的跟所賜給約翰的一樣。篇末的祝福是合宜的，它是肯定基督再來的證明，並且以禱告為讀者代求恩惠。

結論

啟示錄一書難以詮釋是不能否認的。然而，一如上面所述，啟示錄的信息對今天教會的適切性，並不遜於約翰當年所給予眾教會的。對當時那羣面對逼害與殘暴的基督徒而言，啟示錄就是振奮人心的教牧恩言。他們要面對試探和接受試煉，逼害與困難乃是他們所經歷的內憂外患。此書是要加添他們駕馭恐懼的能力，更新他們的委身，並堅定他們的異象。貫穿全書的異象，是被高舉之基督。基督是一位信實的見證者，祂深深明白聖徒的苦楚。但聖徒像基督一樣，他們也能作得勝者（三21）。

我們今天生活的這個世界，也需要此書的信息。初期基督徒所面對的很多問題，亦是現今的教會不能迴避的。神也呼召我們去質疑來自政治、經濟等領域的謊言。他們作出極多的承諾，卻是在剝奪人性，損毀了神國的價值。神也呼召我們去面對來自小派羣體的挑戰。他們扭曲了福音，聲稱擁有別人不能得著的、特別而神祕的見證或智慧。啟示錄挑戰我們撫心自問：我們是否真的相信神對祂的創造享有主權？是否真的相信活著的基督在祂的眾教會中間行走，並真的關懷我們日常的困難呢？此書提醒我們，基督徒的價值觀，要依據福音和神對事物的看法。我們整個人生當活在「願主快來」的盼望和禱告之中！

阿們。願主耶穌快來！

（翻譯：黃永生）

註釋：

1 Leon Morris, *The Revelation of St. John* (Grand Rapids: Eerdmans, 1969), p. 15.

2 引自G. B. Caird, *The Revelation of St. John the Divine* (New York: Harper & Row, 1966), pp. 1～2。

3 同註2。關於啟示錄中基督論的反面意見，可見George R. Beasley-Murray的‘How Christian is the Book of Revelation?’，載 *Reconciliation and Hope. Essays Presented to L. L. Morris*, ed. R. J. Banks (Grand Rapids: Eerdmans,

1974), pp. 275～284。Beasley-Murray此著對這些論點有精彩的反駁。

4 比較Donald Guthrie, *The Relevance of John's Apocalypse* (Grand Rapids: Eerdmans, 1987)，頁63～64：「一項詳盡的研究表明此書所顯示的基督是被高舉的和再三確定的……其中所説明的奧祕就是基督在歷史事件之上有至高無上的權威……」

5 見Morris Ashcraft, 'Revelation'，載*Broadman Bible Commentary,* vol. 12 (Nashville: Broadman Press, 1972); Richard J. Bauckham, *The Climax of Prophecy: Studies in the Book of Revelation* (Edinburgh : T.&T. Clark, 1993)及*The Theology of the Book of Revelation* (Cambridge: Cambridge University Press, 1993); Gregory K. Beale, *The Book of Revelation* (Grand Rapids: Eerdmans, 1999); George R. Beasley-Murray, *Highlights of the Book of Revelation* (Nashville: Broadman Press, 1972)及*The Book of Revelation* (London: Oliphants, 1974); I. T. Beckwith, *The Apocalypse of John* (New York: Macmillan, 1919); J. W. Bowman, *The Drama of the Book of Revelation* (Philadelphia: Westminster, 1955); G. B. Caird, op. cit.; Phillip Carrington, *The Meaning of the Revelation* (London : S.P.C.K., 1931); R. H. Charles, *A Critical and Exegetical Commentary of the Revelation of St. John,* The International Critical Commentary (Edinburgh: T. & T. Clark, 1920), 2 vols.; A. Y. Collins, *The Apocalypse* (Wilmington: Glazier, 1979)及'The Apocalypse (Revelation)'，載*The New Jerome Biblical Commentary* (Englewood Cliffs: Prentice-Hall, 1990); A. Farrer, *A Rebirth of Images: The Making of St. John's Apocalypse* (Boston: Beacon, 1963); T. F. Glasson, *The Revelation of John* (Cambridge: Cambridge University Press, 1965); M. Kiddle, *The Revelation of St. John* (New York: Harper & Bros., 1940); Gerhard Krodel, *Revelation* (Minneapolis: Augsburg, 1989); E. A. McDowell, *The Meaning and Message of the Book of Revelation* (Nashville: Broadman Press, 1951); J. Ramsey Michaels, *Revelation* (Downers Grove, IL: InterVarsity Press, 1997); Robert H. Mounce, *Revelation* (Grand Rapids: Eerdmans, 1998); Barclay M. Newman, Jr., *Rediscovering the Book of Revelation* (Valley Forge: Judson Press, 1968); R. H. Preston and A. T. Hanson, *The Revelation of St. John the Divine* (London: SCM Press, 1949); M. Rist, 'Revelation'，載*The Interpreter's Bible* (New York: Abingdon Press, 1957); Ray Summers, *Worthy is the Lamb* (Nashville: Broadman Press, 1951); J. P. M. Sweet, *Revelation* (Westminster: Philadelphia, 1979); Thomas F. Torrance, *The Apocalypse Today* (Grand Rapids: W. B.

Eerdmans, 1959); Nigel Turner, 'Revelation'，載*Peake's Commentary on the Bible,* rev. ed., (New York: Thomas Nelson & Sons, 1962)。

6 這些及其他天啟文學的英譯版可見於*The Old Testament Pseudipigrapha,* vol I, *Apocalyptic Literature and Testaments,* ed. James H. Charlesworth (Garden City: Doubleday, 1983)。

7 見Roger Callaway：〈猶太天啟文學：對聖經羣體的意義與重要性〉，載《山道期刊》，總第6期，頁44～60。

8 比較H. H. Rowley, *The Relevance of Apocalyptic,* 3rd. ed. (London: Lutterworth Press, 1963); D. S. Russell, *The Method and Message of Jewish Apocalyptic* (Philadelphia: Westminster Press, 1964); John J. Collins, *The Apocalyptic Imagination: An Introduction to Jewish Apocalyptic Literature* (New York: Crossroad, 1984), Paul D. Hanson, *The Dawn of Apocalyptic,* rev. ed. (Philadelphia: Fortress, 1979); Christopher Rowland, *The Open Heaven: A Study of Apocalyptic in Judaism and Early Christianity* (New York: Crossroad, 1982)。

9 比較Beasley-Murray , *The Book of Revelation,* pp. 12～29; Leon Morris, *Apocalyptic* (Grand Rapids: Eerdmans, 1972); Robert Mounce, *The Book of Revelation,* pp.18～25。

10 很多學者寧可指啟示錄為先知式天啟文學(Prophetic-Apocalyptic)。見George Eldon Ladd, 'Why Not Prophetic-Apocalyptic?'，載*Journal of Biblical Literature,* 76 (1957), 192～200; David Hill, 'Prophecy and Prophets in the Revelation of St. John'，載*New Testament Studies,* 18 (1971～1972)，頁406 這樣描述啟示錄：「從該書的寫作動機及其特性而言，我們有理據視之為先知式的，這看法大概是對的。」也可比較George Beasley-Murray, *The Book of Revelation,* pp.19～29。

11 見G. K. Beale, *John's Use of the Old Testament in Revelation* (Sheffield: Sheffield University Press, 1999)。若要數據及全面的例證，可參其釋經書 *The Book of Revelation,* pp.76～99。

12 上面註8所引述的資料，讀者可參考L. Ryken, J. C. Wilhoit & T. Longman III, *Dictionary of Biblical Imagery* (Downers Grove, IL: InterVarsity Press, 1998)。

13 關於啟示錄與帝王，尤其是帝王的崇拜，可參考釋經書。還可參J. Nelson Kraybill, *Imperial Cult and Commerce in John's Apocalypse* (Sheffield: Sheffield Academic Press, 1996); Steven J. Scherrer, 'Signs and Wonders in the Imperial Cult: A New Look at a Roman Religious Institution

in the Light of Rev 13:13～15'，載*Journal of Biblical Literature* 103 (1984), 599～610。

14 Newman, *Rediscovering the Book of Revelation*。諾斯底主義是第二世紀興起的異端(源出於猶太及希臘思想)。它強調一種二元主義，否定神(以其純屬靈體)對世事的參與。諾斯底主義認為救贖是要透過一種神祕知識的。新約中很多書卷(哥林多前書、歌羅西書、約翰一書)都反映了當時出現這種諾斯底異端。

15 見釋經書。部分釋經家把成書日期定於第一世紀中期，並認為逼迫是來自尼祿的。

16 聖經中的預言有關及當時的，也有關及未來。很多時候後者都蓋過了前者。先知是神所呼召去傳遞信息的。該信息常是針對當時的實況，可以是安慰、警告、呼籲、勸人悔改及回轉，呼召人活出自己所表白的信仰等等。可讀J. A. Motyer的精彩文章'Prohecy, Prophets'，載*The New Bible Dictionary,* ed. J. D. Douglas (Grand Rapids: Eerdmans, 1975), pp. 1036～1046。

17 若要進深研究給七個教會之書信，可見William Ramsay, *The Letters to the Seven Churches of Asia* (London: Hodder and Stoughton, 1904); H. E. Dana, *The Epistle and Apocalypse of John* (Kansas City: Central Seminary Press, 1947), pp.103～111; 及上面所引述的釋經書。

18 比較A. Yarbro Collins的'The Political Perspective of the Revelation to John'，載*Journal of Biblical Literature* 96 (1977), 241～256。

19 見Newman, *Rediscovering the Book of Revelation*, pp. 56～60.

20 如諾斯底思想所內含的。

21 比較Martin Rist, 'Revelation'，載*The Interpreter's Bible,* vol.12 (Nashville: Abingdon Press, 1957), p. 419。

22 比較McDowell, *The Meaning and Message of Revelation*，頁117～126所討論的「國度」。

23 六百六十六已有很多不同的詮釋，Gregory K. Beale的*The Book of Revelation*，頁718～728有詳盡的列舉。

迷城內的敬拜羣體——今天教會生活的反思

胡志偉
香港教會更新運動總幹事

引言

在本港教會內外充斥著很多半真半假的「神話」(myths)。最近教育署，在其教育改革建議提出：「愉快學習」，解除本港中小學生長期只為考試而學習的偏差，然而矯枉過正，又會造成「巴比倫式」的神話，使人以為學習「無痛」，過程不用經歷痛苦，教學須娛樂化，為求學生上課開心。同樣，信徒研讀啟示錄不是抱著消閒心態，好奇探究內中有何祕密，猶如閱讀《末日迷蹤》(*Left Behind*) 系列小說一般。不久前，「香港教會更新運動」邀請侯士庭博士 (James Houston) 主講啟示錄講座，聚會完了，有部分年青信徒表示聽不明白。筆者看這是好事，因為無論我們信仰經驗是深或淺，面對「聖言」的豐富與奧祕，信徒仍在今世不斷尋索，而非安抵彼岸（借用 Robert Wuthnow描述兩種不同取向的靈性觀：「尋求式」[seeking] 與「定居式」[settled]）[1]。

思考進路

面對啟示錄的起點，所有信徒謙卑承認，原來上帝向我們說話，身肉所限的受造者確實有不少的無知和偏見。啟示錄猶如一幅三維度 (three-dimensional) 圖畫，從某一角度看，畫內主體似是鯊魚，但從另一角度審視，畫內主體轉為一隻雀鳥。

啟示錄內有不同的文學類型。首先，它是「天啟文學」(apocalypse)，[2] 周兆真博士的文章就此有詳盡的討論。我們需要認識身處的今世，它本身就是一個充滿象徵符號的世界。很可悲的是，今天教會失去了很多在傳統裏意義豐富的象徵(Symbols),反倒向巴比倫世界尋找劣質符號取代原先在教會的象徵。

啟示錄亦是一封「教牧書信」(pastoral letter),[3] 筆者老師畢德生牧師(Eugene Peterson),引用蓋士曼(Ernst Kasemann)所指出的,末世論在神學的類別中是最具教牧性的。[4] 當教會肯定所謂領受末世啟示的牧者,並跟隨他(她)們的指引,就必然要返回啟示錄的信息中。

最後,透過黃儀章博士的文章,幫助我們了解啟示錄也代表著「先知式信息」(prophecy)。[5]「先知式信息」不是向讀者預告將會發生的事件,而是宣告當下神對現今世代的心意、懲罰、審判和祂的救恩。

「啟示」一詞有揭開的字義,啟示錄的重要信息之一,就是揭開巴比倫迷城的真正面貌。揭開的震撼性,猶如媒體揭露程介南事件或鍾庭耀事件一樣。當我們研讀啟示錄,不要忘記它正揭開我們人性、教會和社會的真實面貌。

啟示錄沒有提供任何新穎的資訊,它表達的信息原先已記載在聖經其餘六十五卷書卷內,但它卻提供不同向度幫助信徒重新理解上帝整全的景觀。

研讀啟示錄,信徒不僅需要理解經文用了哪類象徵言語,更需要培育「聖化的想像力」。今天,福音信仰教會的悲哀,就是缺少了想像力,於是我們無法理解啟示錄豐富的內容。信徒只關心「耶穌何時回來」、「信徒何時被提」等自保自救問題,卻不關心「真理與公義何時才在地上得勝」、「何時義人不再受苦」等問題。

迷城面貌

紀登斯（Anthony Giddens）著有《迷失世界》（*Runaway World*），[6]講述全球化帶來世界的迷失，筆者借用此書的題目，探討今世正是「迷失世界」，而啟示錄正一針見血指出信徒容易貪戀定居「巴比倫迷城」，忘掉自己原來應以朝向「新耶路撒冷」為終點。「巴比倫迷城」在三方面迷倒天路客：分別為「迷人眼目」、「迷離顛倒」及「迷而不返」。

「迷人眼目」的吸引

「巴比倫」字義，原指向通往上帝之門。若細心研讀啟示錄十七章至二十一章，信徒要意識到原來今天我們是活在巴比倫這迷城裏。包衡講及啟示錄歷史背景，[7]他指出不少信徒誤解：「是以，認為啟示錄之所以反對羅馬帝國，只因為她壓逼基督徒，是嚴重錯誤的看法。啟示錄遠不止此，更進一步對羅馬權力的制度提出全面徹底的批判」。當時基督徒面對政權的逼迫，不是啟示錄所注重的，反而信徒慣於迷城裏面的生活，忘掉了要去的目的地，迷失在巴比倫的文化裏面，才是啟示錄的焦點。[8]教會最大的危機，並非外在政權的「嚴打」，卻是被周遭的羅馬文化所同化，以致天路客受誘中止行程，安居於繁榮的巴比倫迷城內。

「迷離顛倒」的價值

「巴比倫迷城」的第二個特徵是歪曲的價值觀。這歪曲的價值觀，反映在港人崇拜的杜瓊斯指數，恆生指數，國民生產總值，資源增值，賣地的成績等。我們崇拜的是資本主義、全球化、網絡文化、消費主義、物質主義等。世界正不斷塑造新的偶像，而這些新的價值來自巴比倫城，不屬於新耶路撒冷城。當今，作基督徒的困惑，就是太多「迷離顛倒」事物，以致偏離航程。社會學者韋伯（Max Weber），主張要為社會積存的假像或價值「脫魅」（disenchantment），[9] 身為天路客的我們，也需要替事物「去除假像」，回復事物的本來面貌。

「迷而不返」的困局

「巴比倫迷城」的第三個特徵，就是如迷宮一般使人樂而忘返。當信徒忘掉了「異鄉客」（resident aliens）身分（借用 Stanley Hauerwas 述說），就以為可長久居住於安定繁榮的巴比倫城內。難怪，周健文博士引用經文，向信徒發出挑戰：「從那城出來」（啟十八4）！「出來」並不是約翰所領受的新啟示，因為昔日神的選民在埃及為奴的時候，由摩西一直到以賽亞、耶利米等舊約先知皆異口同聲呼喚：「出來」（出三1～12；賽五十二11；耶五十8）。筆者看「出來」的命令，是一個不斷持續的過程。因此，信徒將啟示錄十七章的大淫婦，十八章的巴比倫城，理解為一切反抗神掌權的世俗之城的代表。迷城文化基本上是淫婦式的交易，亦是消費式「滿足私己」的宗教經驗。

當今，教會需要回復以羔羊為中心的敬拜，以耶穌基督作為我們敬拜的主體，而不是以功利式或口號式的回應來實踐我們在地上的生活。

敬拜羣體

當信徒羣體定意要離開巴比倫返回耶路撒冷，就要培育三方面的氣質。惟有信徒活出這些氣質，彼此守望問責，不然，單憑個人力量，必不能逃離巴比倫城的轄制！

以尋求取代定居

信徒在世是不斷尋求神，所有信徒皆是真理的尋道人（seekers），此特權不限於尋求信仰的慕道朋友。信徒拒絕已抵彼岸的定居心態，永不安於現狀；我們承認肉身有所限制，成聖的追求在今世不會全然成就。有人認為「這世界非吾家」是壞鬼神學，筆者並不同意；正如魯益師（C. S. Lewis）曾說：「今天我們內心的很多渴求，今世皆不能滿足，倘若今世未能滿足，這便意味著有另一世界的存在，而只有永恆在天堂內，我們才可得到人心靈內真正的滿足」。奧古斯丁寫《上帝之城》，敍述世上兩類人，在歷史進程內選擇兩種不同的方式，結果是有些人進入新耶路撒冷，另外的就安居於世俗之城（巴比倫城）。奧古斯丁批判羅馬文化，今天教會同樣批判世俗文化，當地上社會奉行巴比倫文化時，就成為啟示錄批判的對象。

以深耕取代方便

很多時候，信徒容易選擇巴比倫方式，因為它應許我們的是容易與方便。教會面對的試探，是選擇宣講「用者友善」抑或「叫人知罪」的福音？作基督徒是否毋需付代價？正因為福音易得、易信，所以信徒亦容易自教會流失。為求方便與遷就巴比倫人，我們有否把福音「商品化」與「娛樂化」？當信仰的內容完全適合港人的胃口，教會的信仰和外面社會文化的價值沒有任何分別，信與不信又有何分別？筆者認為福音信仰的危機，就是追求數量，忘記「深耕才生根」，只知福音事工的擴展，卻不用心思考福音的內容！

以委身取代交易

巴比倫式的交易，向教會應許的是「效率、可量度性、預期性與可控制性」。[10] 假如教會「麥當奴化」，看堂會一切事工皆可採用世俗管理方式，生命的成長可按指數完成，牧養的擔子必減輕不少！曾有教牧以為，只要花六個月時間使決志者受洗加入教會，那就是信徒的生命週期了；後來這位牧師醒覺，跟隨基督並不是叫人認識基本的福音，完成了初信栽培課程，接著參加學道班受洗便可以。作基督徒，表明國度的轉移，就是信徒不再效忠巴比倫，不再以巴比倫的權勢作為敬拜的對象。教會選擇的是新耶路撒冷的生活方式，委身於耶穌基督身上，這不是一種交易，不是個體參加一個聚會、購買一本書、就能有某種保證的宗教消費。

結論

今天，教會失去了很多的象徵，韋特(N. T. Wright)認為信徒需要重建象徵的世界。[11] 在啟示錄裏面，記載很多象徵，但可惜的是信徒不用聖經的象徵，反採納巴比倫式的偶像放在聖壇上，這是莫大的悲劇！

啟示錄仍是神當下向教會發出的挑戰。前一陣子，筆者到歐洲旅遊，參觀歐洲某些著名的教堂。在過往，當教堂響起鐘聲，又不是召喚信眾上教堂的時刻，這城鎮的居民便很自然地意識到有重大事情發生，趕往教堂了解究竟。從此角度看啟示錄，在教會安定繁榮的生活中，神在我們生命中打響鐘聲，再一次喚醒信徒此巴比倫城非真正的家鄉。信徒要「從那城出來」(啟十八4)，因我們生活在巴比倫城太久了，以致我們不知自己迷失於這迷城內。

當神審判巴比倫城的時候，信徒是不是像地上君王、買賣商人和海員那樣：「禍哉！巴比倫城滅亡了」(啟十八9～19)，為它而悲哀、哭泣？反而信徒該學效羣眾目睹巴比倫城滅亡，他們在神的面前獻上四首詩歌讚美神，因神的公義在當中彰顯出來(啟十九章)。讓教會效法約翰的祈求：「主耶穌阿，我願你來」(啟二十二20)！

註釋：

1 Robert Wuthnow, *After Heaven: Spirituality in America Since the 1950s* (Berkeley : University of California, 2000).

2 包衡：《啟示錄神學》(香港：基道，2000)，頁2、7～12。

3 包衡：《啟示錄神學》，頁3、16～21。

4 畢德生：《返璞歸真的牧養藝術》(台北：以琳，1999)，頁38～51。另他寫了一本啟示錄導讀的書，見 Eugene Peterson, *Reversed Thunder* (New York : HarperCollins, 1988)。

5 包衡：《啟示錄神學》，頁2～3、4～6；筆者認為採用「先知式信息」較「預言」在此有更明確的表達。

6 Anthony Giddens, *Runaway World* (New York : Routledge, 2000).

7 包衡：《啟示錄神學》，頁51～53。

8 Wes Howard-Brook & Anthony Gwyther, *Unveiling Empire* (Maryknoll: Orbis, 1999), pp. 157～196。兩位作者採用奧古斯丁《上帝之城》歷史觀解讀啟示錄信息。E. S. Fiorenza §Œ Jacques Ellul 採用相近的入手方法。

9 Max Weber, *Economy and Society* (Berkeley: University of California Press, 1978), p. 506.

10 John Drane, *The McDonalization of the Church* (London : Darton, Longman & Todd, 2000), pp. 35～49.

11 N. T. Wright, *The Millenium Myth* (Louisville : Westminster John Knox Press, 1999), pp. 82～84.

我們還有明天——受壓逼者的福音

龔立人
香港中文大學崇基神學組副教授

毫無疑問，啟示錄是寫給教會的書，讓她們在歷史困境中，保持著對上主的忠誠和信心。然而，當我們閱讀書中有關信徒被逼害的描述時，我不禁要問，這些逼害與誘惑豈只適用於當時和當下的基督徒羣體呢？例如，啟示錄十三章16至17節對有關買賣的無理要求，非信徒也不能倖免。又十八章24節也見證很多無辜被殺害的人。這樣，我們就要抱著兩種心情來閱讀啟示錄。一方面，我們要認真聆聽啟示錄對我們信仰羣體的信息；另一方面，我們要切實尋求啟示錄對非信仰羣體的意義。因為我們是同路人，我們所爭戰的對象是那誘惑人、殺害人的獸，並以巴比倫城的意象呈現出來的欺壓權勢。以下，我就試從這關切點來閱讀啟示錄對受壓逼羣體之意義。[1]

方法論的澄清

這題目——「我們還有明天——受壓逼者的福音」——很自然使我們聯想起解放神學。不是因為壓逼讓我們想起解放，而是因為解放神學是以受壓逼者為主體。事實上，這亦是我的出發點。從解放神學的角度來閱讀啟示錄，最少牽涉兩個方法上的考慮。第一個考慮是關乎釋經方法。法奧運西（Elisabeth Schüssler Fiorenza）指出解放神學對啟示錄釋經的方法是採用「陳述的相符」和「處境的相符」。[2] 她批評這種釋經方法跟基要派釋經方法有異曲同工之妙。他們兩者都嘗試以現世處境配對啟示錄所描述的景象，從而推斷上主在歷史的作為。當然，因他們兩者有不同的關注，以致他們釋經的結果並不一樣。簡單來說，解放神學較著重教會的歷史責任，而基要派則著重對主再來的預計。(這將會稍後交代。) 批評者指出這種閱讀方法往往容易將個人主觀意願讀入聖經。最後，聖經就成為閱讀者將其個人理念合理化的工具。明顯例子是：當基要派看啟示錄為對末世預言時，他們就不按理地以人類歷史片段解釋啟示錄的事件。批評者指出解放神學詮釋啟示錄的方法也是同出一轍。博夫 (Clodovis Boff) 回應這批評，指出所謂「處境相符」有兩種類別。第一種就是強調經文與現代處境的即時對照。另一種卻是以當代羣體所經驗的社會和政治掙扎作詮釋鏡片，用以閱讀經文所見證當時羣體所面對的社會和政治逼害。博夫稱這種釋經方法為「關係的相聯」。[3] 這就是解放神學的釋經方法。這跟法奧運西所批評的「處境相符」釋經不一樣。但以現代的歷史際遇來閱讀經文所身處的歷史又是否恰當呢？事實上，我們知道沒有不帶閱讀者的偏見來閱讀經文。巴特 (Karl Barth) 就此發問：

> 為何我們認為：對古代世界的認識比對我們現在身處，並在當中作見證處境更有幫助我們對經文的認識呢？[4]

當然我們可以有很好的理由來回答巴特的詢問，但巴特的質疑卻說出解放神學釋經的立場。就是聖經不再只是學者的研究，或是教會領導的説辭，而是屬於每一個經歷著生命各樣困惑、懊惱和體驗上主啟示的驚喜和祝福的信徒，他們一起參與的生活反思場所。[5]

第二個考慮是，解放神學歷史觀也決定它對聖經詮釋的態度。古特熱（Gustavo Gutierrez）肯定歷史只有一個。這個歷史也是基督成存的歷史。[6]對古特熱來說，一個歷史不是指在人類歷史深處，我們體驗神聖歷史的進程，或在人類歷史進程中，神聖歷史所代表的上主介入其中。因為這兩種不同的解釋都假設兩個不同歷史，或鼓勵以神聖歷史來閱讀人類歷史。若不認定歷史只有一個，只會導致人類輕視歷史和對歷史不負責任。明顯的例子就是，將上主終末的應許靈意化和偏向對他世（彼岸）的渴求，這容易使人對社會的不公義變得冷漠和漠不關心。正因人類只有一個歷史，上主的救贖、創造與終末都要發生在歷史中。強調歷史只有一個並沒有必然排除將來，而是認清那啟示的上主、在我們前面的上主，從來都不是一個沒有歷史的存有。所以，歷史只有一個的觀念並不一定會使人成為歷史的奴隸。因為上主在耶穌基督所成就的救贖，是將人類歷史帶向成全，而不是將人類抽離歷史。從這角度來看，不論啟示錄所針對的是早期教會歷史遭遇，還是對終末的描述，上主的救贖都是歷史性的。啟示錄所揭示的，不是關乎一個與當今歷史無關的新天新地、新創造，而是看新天新地為今世的終末將來。新天新地有別於當下人類歷史，但沒有必然除滅人類歷史。因為終末所關心的是人類歷史的成全，而不是否定人類歷史。教會傳統對千禧年的討論就是一個明證。[7]

上述解放神學閱讀聖經的方法和假設，將會是以下我詮釋啟示錄的立場。在此，我特別選取啟示錄十三章和十八章作反省。十三章的重要性在於它描述上主在天上與魔鬼爭戰取得完全勝利後，魔鬼便轉向地上作牠最後的垂死掙扎。這是爭戰地域的轉捩點。十八章的重要性在於描述魔鬼的勢力已完全崩潰，而信徒和受害者的慶祝完全實現。這是新時代的轉捩點。最後，我會以啟示錄二十章作為全文反省總結。

啟示錄十三章

啟示錄屬於天啟文學，而天啟文學特色之一，就是它同時亦是受壓逼者的文學。[8] 因為天啟文學所關注的不是抽空的預言，而是將當下信徒所經歷的困苦指向盼望，從而使信徒得著安慰。意即，天啟文學透過不同的啟示內容，向閱讀者揭示一個在人類歷史中隱藏但卻真實的歷史世界。這異象使人在困苦中看見光明，不是因為黑夜結束便將是光明的開始，而是因為光明從來就沒有失去它的光芒。只不過我們被黑夜所掩，以致我們看不透光明仍在。

啟示錄十三章可算是啟示錄一個轉捩點。因為魔鬼的反抗從天上轉向地上。十二章描述一場上主與魔鬼的爭戰，結果是魔鬼被上主完全打敗。在絕望之下，魔鬼只有走到地上作牠最後的垂死掙扎。（十二12）為了要對抗上主及其教會，並建立牠的勢力，牠在地上發揮牠最大的破壞，以致約翰說，「地與海有禍了」。（十二12）但地與海所遭遇的破壞，並不能改變魔鬼的命運。因為羔羊的血和信徒所見證的道已經得勝了。（十二11）用一個比喻來說，在第二次世紀大戰，當盟軍成功登陸諾曼第時，戰爭的結果便已定下，勝利在盟軍手中。縱使他們仍舊面對德軍強頑的抵抗，但一切抵抗卻不能改變德軍失敗的命運。究竟魔鬼如何在地上行使牠的暴力？

十三章描述兩隻獸，分別從海裏（十三1～10）和地裏上來（十三11～18）。第一隻從海裏上來的獸有十角七頭。海不單是一個對事實的描述，更牽涉其神學意義。從舊約傳統，海往往象徵著混亂和邪惡勢力之所在。上主被頌讚，是因祂將海上的大魚打敗。（詩七十四13～14；賽二十七1）這樣，從海裏上來的獸就是要說明牠的本質，一個邪惡的本質。事實上，這獸跟十二章所說與上主為敵的龍有極大關係。因為牠的權柄來自這龍。此外，牠又與隨後於十七章所描述的獸同出一轍。至於這獸的力量，作者用不同動物的象徵來代表。明顯地，這跟但以理書七章所描述的十分吻合。然而，有一特別之處，就是這獸集合不同動物所代表的權力於一身。牠的力量極大，也極具破壞力。當我們留意這獸的特質時，我們發現牠有一個特徵常被提及。就是牠曾受了死傷，卻被醫好。（十三3）一方面，這似乎說明獸曾被打敗的事實；另一方面，這意味獸模仿耶穌基督的傷痕。前者的觀點已在上面說明，而後者的觀點也是啟示錄所強調的。獸往往試圖扮作光明之子來迷惑人，以致拜獸的人向獸說，「誰能比這獸，誰能與牠交戰呢？」（十三4）事實上，啟示錄

所要針對是那假先知，並那迷惑人的一切行為。(這點將會在討論啟示錄十八章說明)

這獸是要與上主為敵，所以，屬於上主的聖徒也難免不受逼害。(十三5～7) 然而，這獸絕不是一個靈界力量，因為牠具體地透過政治權力來表達。很多聖經學者一致指出，這獸是指當時羅馬帝國的政權。[9]這獸的力量足以制服各民各族各方各國，並得到地上一切人向牠下拜。暴力是這獸的特色，牠亦以暴力來建立牠的政權。然而，作者卻提出「用刀殺人的，必被刀殺」。(十三10) 一方面，這話是對那獸行使暴力的宣判；另一方面，這話卻暗示以暴易暴並非信徒應選擇的方法。

面對這獸的逼害，作者提出信徒要以忍耐和信心與之對抗。然而，忍耐不是對*hypomene*一詞最合適的翻譯。因為這翻譯似乎暗示一種逆來順受的態度。再配合中國人傳統對政權的順服特性，面對那獸的暴力，信徒變得被動和聽天由命，並缺乏勇氣向那獸挑戰。事實上，*hypomene*一詞有對抗之意。[10]當然，信徒的對抗不是以暴易暴，而是以生命來對抗。「忍耐和信心」(十三10) 就在於相信上主的勝利，並祂所彰顯的真理，而忍耐就是對這信心的堅持與不放棄。所以，信徒的特徵不是他們具有高度容忍力，而是他們對真理的確信和堅持。

至於對第二隻獸的描述，大致上與第一隻獸相似。在啟示錄往後的記載，這獸又被稱為假先知。(十六3，十九20，二十10) 然而，這隻從地中上來的獸卻能行神蹟奇事。（十三13）第二，地上的人被迷惑，以致主動為牠建一個像來拜牠。（十三14）第三，這獸像被充滿生氣，成為獸的代表，能説話和殺戮。（十三15）第四，這獸不但是一個政治力量，更是一個經濟力量。（十三16～17）明顯地，這力量絕不是一個假象，而是一個很具體，並影響人生活最基本的力量。此外，這獸的勢力也來自人對牠的支持和敬拜。事實上，信徒要為此被欺壓、甚至殉道。其餘的人也不能倖免。

以上對啟示錄十三章的詮釋，主要來自從經文窺覬當時的環境，並信徒所遭遇的命運而得。其中有兩個問題需要進一步澄清。第一，明顯地，啟示錄十三章將政權與魔鬼混在一起。不論這政權是羅馬帝國還是針對某一個君王來説，政權可以是魔鬼的代表。究竟這種將政權魔鬼化的做法是否恰當呢？尤記得在二十世紀五、六十年代，民主國家與共產國家冷戰期間，共產政權往往被批評為敵基督，因為他們主張無神論；二十世紀九十年代初海灣戰爭，伊拉克也被描繪為末世時的敵基督。將敵人魔鬼化往往是一個很成功的作戰策略。因為這將政治意識提升至宗教意識、將政治野心變成為為真理而戰的聖戰。然而，這對敵人是否公道呢？事實上，政治社會比我們想像中複雜得多。一種過份簡易的正邪劃分，只代表個人的無知和對世界不認識。這樣，啟示錄作者約翰是否墮入以上所提的危機呢？從當時啟示錄的社會來看，將人生不同範疇的生活以宗教神話來解釋是可理解和接受的。[11] 一方面，這只反映當時社會的世界觀，卻不一定適用於今天的社會。另一方面，雖然這種詮釋不再是今天可引用的解釋架構，但它依舊説出魔鬼的權勢可滲透人類的政府。問題不再是某一個政權是敵基督，而是任何政權都會被誘惑，離開她的本質，成為威脅人性命的可怕力量。

第二，按著羅馬書十三章，信徒被要求順服掌權者。因為掌權者所行使的權柄來自上主。再者，他們的權柄是用來獎善罰惡。然而，在啟示錄十三章所呈現的，掌權者卻是邪惡的那一方，他們的權力來自與上主爭戰的龍，甚至將義人殺害。我們就不禁要問：究竟我們以甚麼態度來回應這樣的政權呢？又究竟這種政權是否來自上主？或許，我們沒有需要為所有政權權力來源立下一個神學基礎。我們不知道邪惡的政權如何可以建立起來（若一切權柄來自上主），就正如我們不知道邪惡從何而來，但我們可肯定的，是上主要將混亂帶向秩序。[12] 因此，順服就絕不是一個惟一不變的方案。相反，啟示錄十三章鼓勵信徒與不公義政權對抗，不與她妥協，並指出她的荒謬與虛偽。所以，順服政權不是基督教政治倫理；將政權從混亂帶向秩序才是基督教政治倫理的選取。順服可能是一種方法，但絕不是惟一的方法。

啟示錄十八章

這章聖經描述上主的審判終於臨到巴比倫所象徵的羅馬。上主是審判官，羅馬政權是辯護者，控訴人是先知、聖徒和被殺的人，羅馬政權被指控為殺戮者和積聚財富者，證據是城內的血，結果羅馬被判有罪。隨後（十九章以後），就是對此判決的慶祝。

天使指控巴比倫的罪行為「列國都被她邪淫大怒的酒傾倒了；地上的君王與她行淫；地上的客商因她的奢華太過就發了財。」（十八3）巴比倫的罪是她拜偶像、聚斂財富、行使暴力與奢華。當然，積聚財富不是一件大惡事，但若果財富是剝削貧窮者而來，並漠視有需者的話，這便是大惡。經文似乎沒有直接說明，但十八章5至6節已暗示財富者的財富來自不義。在描述他們奢華的生活時（十八章12～13節），13節指出人亦成為買賣的貨品。當時的社會，奴僕買賣是極之普遍的，但這不等於這是可接受，所以約翰在奴僕一詞後加上「人口」一詞。人口一詞可以是對奴僕的解釋，就是要說明奴僕是人而不是物件。若果人口一詞不是要解釋奴僕而是獨立對某些人描述的話，人口可能是指那些專為君王提供不同娛樂興趣的人。[13]這樣，人不單提供買賣，甚至成為提供娛樂的玩具。

當上主的刑罰要降臨在這些人身上時，約翰卻提出有三種人會為巴比倫哀號。他們分別為地上的君王（十八9）、地上的客商（十八11）和船主及其水手（十八17），但當中沒有一個貧窮人或受壓逼者。因此，利益羣體的悲哀不是對巴比倫的惋惜，而是對自己將要來的命運歎息。因為他們舊日所倚靠的勢力不能再為他們提供任何的保障。再者，他們將會是巴比倫被滅後，下一批受審判的對象。事實上，從他們的悲哀中，我們發現歡迎和欣賞巴比倫的統治只是利益羣體的論述。相反，巴比倫所表達的羅馬之和平（*Pax Romana*）只是一個假象，她帶來安定與繁榮是因她淫行和剝削貧窮人。（十八3）但享受安定繁榮者，雖然被騙了卻仍懵然不知（十八23），甚至相信巴比倫的傾覆代表著人類平安失去，而不知巴比倫所提供的和平與繁榮是用暴力和殘害所建立的。

在審判之時，上主吩咐其子民從那城出來。（十八4）明顯地，這絕對不是指離開那地域，而是不要參與巴比倫的活動。否則，他們也不能逃避上主的刑罰。因為巴比倫將要為她所做的一切付上代價。

啟示錄十三章令閱讀者扎心。因為那邪惡的力量竟然可以控制人類的經濟、政治與宗教生活，並且可以不按理地取去他們的生命。十八章卻為閱讀者帶來歡欣。因為以殘暴所建立的繁榮經濟，終被上主揭示和宣判。另一方面，信徒和被殺者可以重見光明。我們可以這樣說，十三章真實地描繪了極權帶來的破壞，而十八章也將極權敗落的事實毫無掩飾地描述出來。這是一張黑暗與光明、絕望與希望對照鮮明的圖畫。以下，我先檢視香港貧窮的情況，以便稍後進一步與啟示錄彼此審察。

我們的命運

從香港歷史的發展，我們見證著一個奇蹟，就是從一個漁村轉變為一個世界不容忽視的工商業城市。香港人的毅力、堅忍、冒險和創意等等，為自己賺取到國際聲譽。然而，在八十年代末，香港經濟危機早已呈現，但在一片唱好的聲音中，我們似乎不相信香港的神話會有破碎的一天。因往日的繁榮，我們甚至看不見貧窮人的困難。但自一九九七年年底，亞洲金融風暴終於來到香港，並帶來我們社會從未預計過的震撼。很多中小型企業因資金週轉不足倒閉、失業數字有增無減、低收入人士工資大幅下調、物業變成負資產等。我們終於睜開眼睛看見貧窮人的事實，他們的聲音終於有機會被聆聽。香港泡沫經濟終於幻滅了。究竟這將建立的新經濟秩序，能否使我們社會更為公義呢？

當香港政府說新經濟秩序將會是知識型、高科技型時，我們發現，基本上香港的經濟意識型態並沒有改變，所改變的只是經濟軟件，本質仍舊是一樣。趙維生先生稱香港的經濟意識型態為「經濟至尊」。[14] 所謂經濟至尊，就是說經濟發展極端地支配著社會生活的每一個空間和每一個領域，例如，文化工作被支配，社會福利也強烈地插入了經濟生產的思維，就連社會關係的生產與維持，也不斷地反映和強化經濟至尊的主導性。

在經濟方面，經濟至尊論認為：

> 第一，香港社會的發展前途全賴香港的經濟發展。所以香港未來，全建基於其不斷生產財富的能力；
>
> 第二，經濟發展成功，全賴資本家和商人在香港的投資。所以香港必需營造穩定和有利營商環境；

第三，有利和穩定的營商環境的建造，必需倚賴政府對市場的低度干預。因此，政府必需維持低稅制，而且稅率愈低對投資愈有利；

第四，要保持香港競爭力，政府要設法把其他勞工成本減低。因此，香港不宜有太多的勞工保障。勞工權益的改善被看為削弱香港的競爭能力；

第五，此外，經濟至尊更認為香港不應為弱勢社媌提供合理的社會福利。因為香港的經濟不能負擔無限膨漲的福利要求。再者，良好的福利服務更容易令市民對自己生活不負責任。[15]

在這樣的論述下，市場經濟變得神聖不可侵犯。因為任何的干預都會被視為摧毀香港賴以維生的經濟秩序的舉措。當然，在這理論底下，社會就不會有受壓逼的概念，而只有所謂邊際生產力的差異。然而，對於社會出現的貧窮，經濟至尊的論述促使香港政府相信「滴漏理論」(trickling theory)。意思是，經濟增長所帶來的資源和財富，就好像水點首先傾注資本家所持的漏斗內一般，待漏斗盛滿後，剩餘的水點就自然流向下面的水盤，低下階層自然因流下的水點受惠。因此，任何干擾這資源分配定律的行動必帶來兩敗俱傷。創造財富而非分配財富，是香港政府與工商界的意識型態。

當我們一廂情願地以為我們的餅愈大，我們就可以分享多一點資源時，我們卻發現這從來都不是事實，而是一個迷思。從八十年代香港經濟不斷出現兩位數字的實質增長，到九七年回歸前經濟表現高峯期，香港財富分配並沒有跟隨「滴漏理論」般向下流。相反，貧富懸殊的問題愈來愈嚴重。根據政府統計署公布資料，在一九九六年，香港最高收入的十分一人口所賺的，佔整體入息的百分之四十一點八，這項目在一九八六年時是百分之三十五點五。而最低收入的十分一人口，在九六年所賺到的只佔總入息百分之一點，在一九八六年這項目的百分比是百分之一點六。[16]我們絕對相信二〇〇一年的數字將會進一步惡化。這現實説明經濟發展和自然滴漏並沒有改善低下階層遭受不公平資源分配的情況。

在這樣一個經濟至尊的秩序下，低下階層漸成為缺乏權力的一羣。他們被排擠到勞動就業市場的低下層，甚至被排擠到勞動市場以外。然而，他們只可嘆自己倒霉。他們是一羣沒有聲音，甚至無影無形的人。因為他們的遭遇被整體利益掩蓋，以致一般人不相信繁榮香港的背後，竟然有這些為數不少的貧窮人。更甚者，他們成為代罪羔羊。當政府為了轉移公眾對其無能處理危機的不滿，不斷把責任推卸到貧窮人身上，製造弱勢羣體帶來社會沉重負擔的偏見。近期對有關綜援檢討就是一個例子。

難道我們的政府真是這樣無情無義嗎？董建華先生在二〇〇〇年所發表的施政報告中，曾提及投入二十七億元在未來兩年創造七千個職位予低學歷、低技術的失業人士(這只有短暫作用),但政府卻一直認為貧窮是暫時性,而不是結構性問題,以致董先生認為兩年後香港就可渡過難關。另一方面,報告建議提供額外金錢在高齡津貼上,但在檢討之中,政府卻提出要實施資產審查。這令現在領取生果金的長者陷入恐慌。董先生又相信惟有教育和培訓才可以解決貧窮,以致他提出在未來十年內增加高等教育普及率至百分之六十,但他並沒有對各大專院校的財政有任何承擔,似乎他只是倚賴自負盈利的辦法來達成目標。最後,貧窮者要承擔額外的負債。縱使財政司預計二○○○年的增長超過百分之十,但對於低下階層來說,卻沒有任何意義。當大公司計劃明年向員工加薪百分之三時,我們卻看見有僱主為要逃避對員工公積金的負擔而用種種方法刻扣工資,甚至更改合約。低下階層並未享受經濟復甦的成果。

中等入息的人士何嘗不受經濟至尊的論述影響呢!自一九九七年年底金融風暴發以來,樓宇價值大跌。往日樓宇是香港最保值的投資,今日卻變為負資產。對很多努力儲蓄多年的中等入息家庭來說,這是一場惡夢。當然,投資不可能沒有風險,但對於那些安份守紀而從不參與投機的人來說,負資產使他們的日常生活變得失控與無望。加上新一代管理文化介入,公司架構重整和合約制的引用,中等入息人士亦面臨失業的危機和因負債所帶來的沉重壓力。經濟至尊的論述亦進入我們休息和私人時間。工作時間的增加令很多人失去生活調節、健康出現問題、家庭關係變得疏離。這不一定是都市化的結果，而是經濟至尊論下的生活型態。就是我們相信經濟增長是人進步的最重要的量度。

在這樣的處境下，啟示錄如何被理解，我們又如何從啟示錄中得著指引呢？

當下的福音

當經濟至尊論主導香港政治、社會和文化生活時，我們知道這只不過是全球資本主義化下的具體地域表現。David Korten說，全球資本主義相信經濟增長是人類進步惟一的途徑；沒有限制的市場是最佳的貿易；經濟一體化對人類社會是有益；私營化是效率的保證；政府的責任是保護私人財產等等。這豈不也是我們政府的信念嗎？然而，Korten批評：

> 自由市場的意識型態已環繞整個世界，並持有一個很基要的宗教信念……那些經濟專業就是它的祭司，而任何挑戰其理論就是異端邪教。[17]

如今看來，全球化資本主義不單是一個經濟理念，而是像啟示錄十三章所描述的獸一樣，要求全世界的人和政府向牠下拜和屈服。不但如此，全球資本主義所累積出來的財富，是透過剝削貧窮人和貧窮國家而來的。這豈不也是啟示錄十八章巴比倫城致富的因由嗎？

市場的力量，再配合傳媒的塑造，一個市場經濟世界的正面幻象就續漸被建立起來。這個幻象就是香港式的經濟至尊論。這正是啟示錄十三章和十八章所描述的，那迷惑者的企圖和作為。最後，在全球資本主義下，太多人因而在經濟貧乏下過著不人道，甚至接近死亡的生活。他們不但糧食不足，連清潔可飲用的水都沒有。當然，香港的情況比很多貧窮地方還算好，但亦有接近總人口一成的人活在貧窮線以下。[18] 這與啟示錄記載有關不拜那獸而被殺者之命運極之相似。當全球資本主義迅速地發展，我們似乎愈來愈難相信香港的經濟至尊論可以被取締。明天似乎只屬於財富者、跨國企業、資本家，而貧窮人的生活只會進一步惡化。究竟我們如何向他們宣講有明天的福音呢？

當巴比倫仍為著她的成就歡呼和自豪時（十八7），我們卻看見她的敗落。因為不講愛、不理情，只有欺詐和強暴的城市和世界只會邁向死亡。滅亡是因上主的審判（十八20），也是罪的結果。事實上，對於全球資本主義，沒有基督教信仰的人已經發出警告，「我看不見全球系統還可生存⋯⋯相反，我們已進入全體解體的處境。只不過我們沒有意識它已在門前。」[19] 東京大學教授Hiroyuki Yoshikawa也說：

> 在強調全球增長下，我覺得公司或許仍舊生存，但人卻不能⋯⋯我們不能像這樣生存下去。未來將會是一場災難。在日本，我們已經歷不同的悲劇了。[20]

從生態的破壞到世界貧富懸殊的事實，我們不能一如以往般擁抱資本主義。然而，我們的社會仍舊相信經濟增長才是生活進步的表現，以致社會各階層努力為自己積蓄財富。貧窮人世界也不例外，他們以中層階層生活形態為他們奮鬥邁向的目標。當中產階級相信市場經濟最能保障他們的財富時，他們全力置業投資，但金融風暴後，他們才發現往日所倚賴的物業竟成為今天的負債，並發現繁榮背後的虛假。又當貧窮人嘗試在社會階梯往上爬時，他們不但鞏固經濟至尊論，更可能因而踐踏了他們的朋友。因此，我們要認識經濟至尊論的真面貌，不被它所迷惑。它的經濟承諾可能會為個別人士帶來利益，但整體來說，很多人卻要被犧牲。繁榮巴比倫的傾覆就是要向我們揭示我們身處的社會已充滿危機。但當我們只看見經濟至尊論帶來的繁榮景象而看不見它的殘酷和滅亡，我們只會成為它的推動者。我們的明天不在於如何有效地參與經濟至尊論的社會，而是知道它不是我們的明天。

我們的明天在於回應上主的呼喚——「從那城出來」(十八4)。出來就是拒絕與魔鬼和牠所代表的巴比倫同流合污、拒絕以牠的價值觀來看世界、拒絕按著牠的定律來生活。然而，出來又豈只有拒絕呢？出來更牽涉活出一個屬於上主的生命，並成為一個對明天充滿盼望的見證。出來之可以發生，因為我們看見巴比倫的傾覆，也感受著巴比倫的虛偽，以致我們在這荒謬的時代下，為受不同傷害者提供治療與安慰。治療與安慰的目的，不是使他們痊癒後更有競爭力去爭勝，而是成為別人的祝福。然而，這處的地點不是澳洲，也不是加拿大，而是教會。所以，移民不是對抗巴比倫威嚇的最有效方法。因為仍有很多人不能移民呢！再者，沒有一處不受全球資本主義化所影響的地方。因此，教會有一份推不掉的責任和使命，而教會卻是由無數的信徒生命見證所建立。這樣，我們便絕不能輕視信徒生命的建立與培育，使教會不但成為鬧市的綠洲，她更成為改造社會的力量。

要補充的是，出來不是要建立一個小羣、逃避對歷史的責任、維護自己的聖潔、滿足彼此支援的關係，而是要提供另一個論述來挑戰資本主義的單一論述。例如，當全球資本主義傾向中央集權和消除個別羣體和地域的獨特性時，出來就是要建立另類經濟生活體系。明顯例子可能是，建立不同形式的本地合作社，將權力下放，並使社會保存更大的多元。[21] 當然，在高度單一化的香港，這是不容易的。但這些例子要說明的是，出來不是為要逃亡，而是以另類生活挑戰現存的權力架構。

有明天的福音在於我們是否有異象，並勇氣揭示現存制度的虛偽性，以致我們沒有需要將它等同明天。明天不在於社會制度願意可憐我，而在於建立有情有義人際關係的社會。這份關係只可以透過我們有勇氣從那城出來才可經歷到。然而，揭示虛偽者面具的行動可能會遭遇不幸（例如，被裁、失業）；從那城出來不一定代表灑脫，反可以被巴比倫流放，最後被害。面對既濟與未濟，我們之可以堅持是因教會羣體是一個敬拜和禱告的羣體（五8）。敬拜與禱告就是我們的力量，因為在敬拜和禱告中，明天的盼望變得更真實。在敬拜中，我們被提升，以致我們更肯定那異象的真實。在禱告中，我們將所經歷的一切無助、空虛和恐懼向上主陳明，以致成為我們得力的泉源。

基督徒的敬拜豈只是為著我們自己的需要呢？敬拜的生活就是一個服事上主和鄰里的生活。[22] 因此，一方面，敬拜提醒我們絕對不能遺下我們的兄弟姊妹，獨自享受在上主裏的安息；另一方面，敬拜要求我們將人世間所經歷的困苦化為敬拜行動，經歷上主的臨在與更新。然而，我們發現今天基督教會的敬拜生活並未能反映貧窮者的經歷與痛苦，反而漠視他們的存在。從詩歌的內容、禱文到聖經分享，貧窮人都被忽略了。敬拜的力量不在於那些興奮詩歌或令人振奮的講章，而在於我們將生命化作為敬拜的內容。惟有我們看重敬拜，我們才能忠誠地「從那城出來」。

讓我們起來慶祝

於二〇〇〇年一月一日晚，在九龍公園旁，我分享以下一段信息。我亦以這段信息總結以上的討論。

「剛過去的除夕比以往的除夕來得特別，因為這次的除夕是人類迎接一個新千年的前夕。世界各地都為著這刻慶祝，載歌載舞。千禧似乎意味著世界和平，充滿對人類前途的希望。然而，若果我們稍為留意我們所身處的社會的話，我們卻發現我們社會貧富懸殊愈來愈厲害、資源愈來愈不平均分配、弱勢羣體得不到當得的尊重、資本主義中的剝削被合理化地進行。我們實在找不到任何原因值得為千禧慶祝。

再者，我們的政府沒有因為千禧的緣故變得對民主多一些信心、對人權多一點維護；我們又看不見我們的工商界願意因千禧還富於民、與人民分享經濟成果；我們也看不見新移民因著千禧而少受一點歧視、多得些憐憫。奇怪的是，面對這樣一個令人惋惜的社會，我們的市民卻不因此而失去慶祝的動力。不是因為他們忘記世上的不公義，暫時不提世上對他們的壓逼，而是因為我們相信在最惡劣的環境下和最不民主的社會中，我們人性中的喜樂、人性中的盼望、人性中的勇氣並不會因此被消滅。這就是貧窮人的靈性（spirituality）。

對於我們這羣有基督信仰的人來說，我們出來慶祝，不單是因著我們人性中的美善，而更是因著我們對上主的相信與委身。讓我以啟示錄二十章說明。這一段聖經是有關千禧國度。當然，我不是說今天公元二〇〇〇年就等於啟示錄所講論的千禧國度，而是啟示錄對千禧國度的看法如何幫助我們面對新千年的開始。

啟示錄二十章絕對不是一個獨立的單元，而是延續前面所發生一切事的結果。這些事就是人受到無理的逼害、生命被踐踏、公義被扭曲、邪惡勢力無止境地澎漲。千禧國度的出現就是要回應這樣一個荒謬的世代，並為此提供出路。按聖經所描述，千禧國度有以下三個特色：

第一，千禧肯定耶穌基督是生命的主。縱使有生命被不義的勢力殺害，但復活的主卻使他們可以復活。復活不單是關乎對生命本質的理解，更是對一切不尊重生命和一切踐踏生命行為的一種諷刺。因為縱使強權和暴力可以取去我們的生命，但它絕不能使無辜者的生命無辜地死去。復活就是上主對生命的肯定，也是對一切否定生命的否定。

第二，在千禧，耶穌基督要施行審判。那象徵著壓逼人的獸和巴比倫終被上主征服。牠再不能對人類帶來任何壓逼和傷害。耶穌基督審判的含意就是公義終必彰顯，而一切虛偽的面孔終被揭示。邪惡的勢力曾因著它操生殺之權而隨意地指鹿為馬，顛倒是非。但在千禧中，一切隱藏必被審判，一切荒謬必被懲治。

第三，雖然我們無法得知啟示錄所言的千禧國度何時發生或以甚麼形態出現，但我們可以肯定千禧國度絕不是一個彼岸的世界，而是要發生在此岸中。這正是為何不論前千禧年派、後千禧年派、時代派等等都不能漠視千禧的此岸性的原因。這樣，生命的復活和公義的彰顯絕不是一個對他世的盼望，而某程度是今世可嘗和可見的。上主的拯救不是要將我們從歷史中抽出來，而是在歷史裏將我們從歷史中釋放出來。

說到這裏，我沒有任何企圖要將我們的政府等同敵基督，也沒有計劃要將香港有錢的人魔鬼化。再者，我亦沒有任何打算要美化貧窮人和弱勢羣體。我只想說明一個簡單的信念，就是生命是上主所愛和尊重的、公義是祂所堅持和實踐的，以致祂不會使無辜的生命白白捨去、也不會使公義迷迷糊糊地被遺忘。不尊重生命的千禧活動和不提實踐公義的千禧慶祝可能只是一場大迷惑。

面對著香港的市民、我們的鄰里，我們如何向他們宣講千禧的信息呢？惟有在我們的家庭、我們的工作環境、我們的社會裏表達出我們對生命的熱愛、對衰殘生命的維護、對公義的堅持和對暴力的否定，我們才可引證我們所相信是真實無偽。

因此，我們在這刻歡呼，是因上主的禧年在人類歷史中發生；我們在這一刻舉杯暢飲，是因我們決意活在上主應許中。」

（二〇〇一年一月完稿）

註釋：

1 事實上，啟示錄是拉丁美洲解放神學常參照和閱讀的書卷。因為這與他們的際遇極之相似。例如，P. Richard, *Apocalypse: A People's Commentary on the Book of Revelation* (Maryknoll: Orbis, 1995)。

2 E. S. Fiorenza, *Revelation* (Edinburgh: T&T Clark, 1993), pp. 10～12. 另可參考Greg Carey, *Elusive Apocalypse* (Macon: Mercer University, 1999), pp. 25～43。

3 Clodovis Boff, *Theology and Praxis* (Maryknoll: Orbis, 1987), pp. 140～150。另可參考Carlos Mesters, *Defenseless Flower: A New Reading of the Bible* (Maryknoll: Orbis, 1989)。

4 K. Barth, *The Epistle to the Romans* (Oxford: Oxford University Press, 1933), p. 11.

5 Paul Ricoeur, *Hermeneutics and the Human Sciences* (Cambridge: Cambridge University Press, 1981), pp. 131～144。他提出閱讀文本牽涉三個世界的互動、抗衡和彼此審察。這三個世界分別為文本背後的世界、文本之中的世界和文本面前的讀者世界。

6 Gustavo Gutierrez, *A Theology of Liberation* (London: SCM, 1974), p.153ff.

7 Richard Bauckham & Trevor Hart, *Hope Against Hope* (London: DLT, 1999), pp.132～139。他們指出從教會歷史對千禧年的解釋中，千禧年的歷史性從沒有被否定。

8 Pablo Richard, *Apocalypse* (Maryknoll: Orbis, 1995), p. 22.

9 例如Richard Bauckham, *The Theology of the Book of Revelation* (Cambridge: Cambridge University Press, 1993); Christopher Rowland, *Revelation* (London: Epworth, 1993)。

10 G. K. Beale, *The Book of Revelation* (Grand Rapids: Eerdmans, 1999), p. 705.

11 Rudolf Bultmann, *New Testament and Mythology and Other Basic Writings* (London: SCM, 1984)。他指出新約的世界觀是神話的世界觀。這種神話的世界觀所描述的是一個三層結構，即上、中、下三層。上層是天堂，是上主的居所；下層是地獄，乃是痛苦之所在。但作為中層的此世或人間，主要不是指由秩序和規律支配，而是上主和天使、撒但與魔鬼的舞台。

12 Kung Lap Yan, 'Why Does the Heavenly Father Take My Mum Away? Theodicy Revisited', in *Asia Journal of Theology*, 15 (2001), 67～91.

13 Richard Bauckham, *The Bible in Politics* (London: SPCK, 1989), p. 96～97.

14 趙維生：〈經濟衰退對弱勢社羣的影響〉，載《思》(1999.5)，4～7。

15 鄧樹雄：〈漫天風雨待扶貧〉，載《信報財經月刊》(2000.11)，3～8。鄧文對以上各點的背境有很好的歷史説明。

16 對香港社會貧窮的演變，可參莫泰基：《香港貧窮政策探索》(香港：三聯，1999)，頁3～20。

17 David C. Korten, *When Corporations Rule the World* (West Hartford: Kumarian, 1995), p. 70.

18 若想多認識香港貧窮人的狀況，可參《人子的相簿》(香港：香港基督教協進會，1999)。

19 William Greider, *One World, Ready or Not* (New York: Simon & Schuster, 1997), p.248.

20 引述William Greider, *One World, Ready or Not,* p. 451。

21 參考Jim Ife, *Community Development* (Melbourne: Longman, 1999)。

22 Duncan Forrester, *Encounter with God* (Edinburgh: T&T Clark, 1988), p. 19.

從啟示錄宣講和教導

孫寶玲

香港浸信會神學院新約副教授

本文轉載自《山道期刊》第六期（2000年5月），
頁76～88。蒙允轉載。

引言

啟示錄的詮釋和意義，一向是學者們的討論焦點。就是在基督教會的歷史裏，啟示錄在正典裏的地位和價值，也曾經歷一再的質疑。以早期東方教會的傳統為例，啟示錄並不如其他作品般重要。就算是西方教會所影響的改革傳統，馬丁路德[1]和加爾文[2]也未對啟示錄的價值予以肯定。而近代的學者，也有不以啟示錄為然的。[3]有關啟示錄的爭議，癥結在於詮釋和理解。毋用諱言，啟示錄的體裁和語言獨特，對未得箇中要領和因由的讀者而言，似有許多詮釋、甚至臆測未來的空間。是故每當局勢動盪不安，人們對週遭景況感到困惑沮喪時，啟示錄自然就讓人趨之若鶩。這種預測未來末世的釋經進路，也是盛行於華人教會內的。[4]聖經的宣講和教導既然建基於經文的詮釋，有關啟示錄解釋的爭議，自然對它的宣講和教導造成障礙，使人裹足不前。本文以為只要掌握啟示錄的詮釋，宣講教導還是可能的。但鑑於本書已有數篇文章，分別以詮釋和背景角度，探討啟示錄的詮釋和意義，故本文只將討論限制在宣講和教導的應用。以下的探討，旨在為參與宣講或教導的同道，提供參考和藍圖。

從啟示錄宣講和教導：文學體裁的思考[5]

近代詮釋聖經的學者，極重視文本體裁 (genre) 對詮釋的影響。究其原因，學者認為文本表達方式 (how) 其實就是信息和社會處境的一部分 (what)。簡言之，文本的文學形式 (form) 某程度也決定了文本的意義

(content)。除非詮釋者掌握文本的形式，不然，有關文本的詮釋和解讀，極可能有所偏差。[6]

相對於大部分的聖經經卷的形式而言，啟示錄的文學體裁「天啟體裁」(apocalyptic genre) 確是獨樹一格。呈現在作品字裏行間的，是許多的視像 (imageries)、象徵 (symbolisms) 和異象 (visions)。對後世的讀者而言，啟示錄作者的身分、處境和寫作對象，都不如其他作品般清晰。以閱讀其他作品的方式理解啟示錄，自是加倍困難。然而，對當時的讀者／聽眾來說，天啟體裁的文學並不是聞所未聞、見所未見的。作為早期教會珍惜和傳閱的作品，啟示錄的目的，必定在於溝通而不是蒙蔽。它的旨趣，在於勸勉和提醒，而非隱藏或掩飾。再者，啟示錄的作者和收信人都深受猶太文化所影響，在理解啟示錄的時候，也要充分掌握作品背後所假設 (典外、典內) 的猶太信仰傳統和概念。忽略了這些因素和背景的解讀，是極有穿鑿附會的危險，以致把經文的焦點完全投射在詮釋者、甚至後世的處境。

以啟示錄裏的象徵應用於詮釋者的時代、甚至往後的時代，並不是近幾個世紀才有的現象，早於公元四世紀的泰江尼斯 (Tyconius)，[7] 及稍後的奧古斯丁 (Augustine)，[8] 可說已見端倪。而將啟示錄中的象徵 (如大淫婦、以六百六十六為印記的獸等等) 應用於人的，十二世紀修士約亞謙 (Joachim of Fiore) 的門人乃是一個明顯的例子。[9] 這種傾向隨後愈更發展，例如十六世紀在德國的極端重浸派徒 (Anabaptist)，按字面意義理解，圖以武力催生「新耶路撒冷」，強將自己的理解加諸在社會的生活，並且殺害和逼迫持異見的人。十九世紀的美國人米勒(William Miller)，以啟示錄為預測基督再來的根據，先後預言基督將於一八四三年及一八四四年再來。此外，十九世紀末二十世紀初興起於美國的基要主義，強調啟示錄應驗於今世，他們的詮釋亦頗有影響力。[10] 數年前美國德薩斯州威高市(Waco, Texas)的大衛教派領袖葛維思(David Koresh)，竟以為自己就是啟示錄裏，那配得打開七印及審判世界的彌賽亞，至終造成幾十人葬身火海。[11] 除了這些比較明顯的錯誤外，也有人以啟示錄中一些象徵，如六百六十六獸、大淫婦等來等同某些人或族羣，這些謬解助長，甚至引起衝突、血腥和戰爭的例子亦屢見不鮮。比方說，長久以來，不少人認為啟示錄是一部預言以色列國復興的先知作品。是故書中一切的爭戰(也就是以色列與鄰國的爭戰)是必須的。這些人相信以色列人終歸要勝利，而基督就會再來。這種邏輯使部分人以異常狂熱的態度支持以色列，無視中東局勢的複雜，更不管以色列的舉措是否合乎情理。[12](行文之日，正是中東面對八七年以來最嚴峻的危機之時。只願以亞雙方克制，免生靈塗炭。)

在這樣的詮釋歷史裏，讀者其實可以看見，以啟示錄預測世界發展或人物配對的解釋，雖有吸引力，但也是極其隨意甚至危險的。但在未能掌握啟示錄的文學體裁之前，這種解釋又似是不易避免。所以，計劃宣講或教導啟示錄的同道，除了自己應掌握有關天啟體裁的文字傳統(literary conventions)及有關課題之外，也需要向會眾和學生介紹這方面的知識，為進一步的學習和了解打好根基，避免重蹈覆轍。

從啟示錄宣講和教導：語言特色的思考

與文學體裁息息相關的，是啟示錄的語言特色。啟示錄的語言，從文字的風格[13]到水平[14]，一度為學者所詬病。但近年的研究，卻有趨勢論證啟示錄的語文特色是作者刻意表達的效果，並不是風格或水平遜色之故。[15]愈來愈多學者相信，語言的功能，不僅僅在於作者與讀者間資訊意念的傳遞與溝通(informative)，也能激盪和塑造讀者／聽眾(perfomative)。正如腓奧蘭莎(E. S. Fiorenza)所言，啟示錄的語言既不是命題式(propositional)，也不是表述式(representational)，而是激盪式(evocative)。[16]對接收啟示錄的信仰羣體而言，經文的功能在於使聽眾／讀者經驗、體會、感受，甚至「看見」邪惡和挑戰、神的權能和眷顧。啟示錄裏的語言，以激盪能力(evocative power)盛載聽眾／讀者的信仰經驗：地震、大火、閃電、戰爭等等視像，莫有不讓聽眾／讀者動容心馳的。

學者近年對啟示錄語言方面的研究，為宣講和教導帶出重要的提示。如果啟示錄的語言修辭旨在激動原讀者／聽眾的信仰經驗，而不僅是意念資訊的傳送，今天教會在宣講和教導的時候，可以怎樣使這個經驗重現於會眾間？長久以來，華人教會的宣講多傾向談理說念，宣講教導都以道理教訓為主。這種模式是資訊知識有餘而情感不足。用時下坊間流行心理學的詞彙，是重IQ而輕EQ的宣講。[17] 同道在預備宣講或教導啟示錄的時候，實不可忽略作者細意精雕的成果，應該用心推敲，讓啟示錄的語言效果可以重現在宣講或教導裏，使會眾可以體會一世紀信仰羣體所經驗的。

從啟示錄宣講和教導：歷史處境的思考

如果天啟文學體裁的掌握，是為詮釋和了解啟示錄點出了一個方向，那麼啟示錄背後的歷史處境的研究，就是為背後的信仰羣體和處境，素描和勾劃出輪廓。正如前述，寫作啟示錄的目的，必定是對應收信的信眾和他們的需要。畢竟，啟示錄的寫作對象應該是作者心所縈繫的教會。正因為作者和寫作的對象，都有共同體認的經驗和關注，收信的信仰羣體怎樣了解啟示錄，也就在一定程度上決定了作品的解釋。這個層面的解釋，重要地限制了靈意、甚至是任意的詮釋。現代讀者要明白這作品，先應掌握收件人的處境，既免於穿鑿附會的危險，也可更適切地應用經文於現代的環境。

啟示錄一書的背景，長久以來是學者探索的一個課題。其中所牽涉的，除了寫作的日期外，更是怎樣可以更具體地了解作品中信仰羣體面對的挑戰，以致可以更穩妥地掌握和陳述作品的信息和意義。近年學者的研究指出，除了因羅馬政權推動的君王崇拜而帶來的逼迫，身為社會的邊緣羣體，早期的信眾所面對的，還可能包括經濟及來自社會的誤解等等的試探和挑戰。事實上，上述的研究發展，既為詮釋和了解提出了新的亮光，也使啟示錄對現代教會、甚至社會的信息更形適切。

啟示錄的詮釋，向來都是以基督教會受逼迫這條脈絡為主線。但近年的研究顯示出，啟示錄的讀者所身處和面對的，不只是逼迫，也是試探和挑戰。既是如此，我們那麼宣講和教導的角度，就不必限制在忍耐和激勵，甚或逃避現世的嚴峻壓力，而投射於他世的生活。我們更可擴闊角度，也強調投入和批判實際生活裏的偶像和權勢。宣講和教導啟示錄的同道，必須在解釋作品體裁的同時，也縷述其背後的處境。

從啟示錄宣講和教導：從作品結構思考

啟示錄的結構為近年學者研究的重要課題之一。[18] 從以啟示錄為雜亂的編撰，[19] 到漸漸確認它精心雕琢的結構，[20] 學者愈來愈傾向欣賞啟示錄的結構是有其統一性、計劃和設計的。[21] 雖然學者有此共識，但並不表示學者間對啟示錄有普遍認同的結構。畢竟，縱使我們接受啟示錄有其結構設計，原作者心中的結構和設計是怎樣，還是不能有圓滿答案的。通過下述幾個不同的結構，讀者對有關的研究和討論，可以稍見一斑。另一方面，儘管這些結構各有所異，但其中相同的地方，對宣講和教導卻極有提示作用。

一、布淩的三個場景結構(M. Eugene Boring's three scenes structure)[22]

引言		一1～8
第一場景	**神向教會的宣告**	**一9～三22**
主角：	基督／神	
作為：	基督／神作出宣告	
地點：	小亞細亞的基督徒	
時間：	公元96年	
A.	超越的基督	一9～20
B.	七個訊息	二1～三22

第二場景	**神審判那「大城」**	**四1～十八24**
主角：	神／基督	
作為：	神／基督作出審判	
地點：	「巴比倫」——從在上的觀點看叛逆的世界	
時間：	讀者／聽眾的將來	
A.	超越的神／基督	四1～五14
B.	七印、七號、七碗	六1～十八24
	開七印	六1～八1
	響七號	八2～十一19
	揭示邪惡的力量	十二1～十四20
	七災	十五1～十六21
	巴比倫覆滅	十七1～十八24

第三場景	神救贖「聖越」	十九1～二十二20上
主角：	神／基督	
作為：	神施行救贖及建立公義	
地點：	新耶路撒冷——從在上的觀點看得救贖的世界	
時間：	終極的將來	
A.	超越的神	十九1～10
B.	神終極凱旋的七景	十九11～二十二20上
	基督歸回	十九11～16
	最後戰爭	十九17～21
	綑綁撒但	二十1～3
	千年之治	二十4～6
	瑪各和歌革之敗	二十7～10
	最後審判	二十11～15
	新耶路撒冷	二十一1～二十二5
C.	異象結束	二十二6～20上

結語 二十二20下～21

二、歌蓮詩的七重結構(Adela Yarbro Collins' sevenfold structure)[23]

1.	引言	一1～8
2.	七個信息	一9～三22
3.	七印	四1～八5

4. 七號 八2～十一19

5. 七個異象 十二1～十五4

6. 七碗 十五1～十六21

附巴比倫的墜落 十七1～十九10

7. 七個異象 十九11～二十一8

附耶路撒冷的救贖 二十一9～二十二5

8. 跋 二十二6～21

三、腓奧蘭莎的交叉式結構(E. Schüssler Fiorenza's chiastic structure)[24]

A 引言 一1～8

B 異象與七信 一9～三22

C 七印與書卷 四1～九21，十一15～19

D 小先知卷 十1～十五4

C' 七印與書卷與異象 十五1、5～19，十九10

B' 審判與救恩的異象 十九11～二十二9

A' 跋 二十二10～二十二21

四、杜柏的結構(Charles H. Talbert's structure)[25]

向七教會發的七信(一1～8，一9～三22)

一1～8 引言

一9～三22 先知呼召和七信

終末的七個視(異)像(四1～二十二5)

四1～八1	七印
八2～十一18	七號
十一19～十三18	羅馬權勢的根源和角色
十四1～20	審判的七個天使
十五1～十六21	七災
十七1～十九5	羅馬權勢的角色和結果
十九6～二十二5	終結

跋　二十二6～21

學者們對啟示錄的結構分析，提出了各自的研究成果。在眾多不同的結構裏，現代讀者自然不必、也不能決定哪一個最接近原作者的結構。[26]但在這些結構裏，都有一個共通的特點，使得啟示錄與一般的作品(如福音書或書信)略有不同。[27]細觀啟示錄，讀者也許會察覺，全書的發展似乎並不以文字思路發展為主要脈絡。相反，啟示錄全書的發展，以圖像、主題和象徵的更替和接換為要。

啟示錄這樣的結構特色，就為宣講和教導的層面，帶出了重要的提示。如果啟示錄的發展不是以文字的鋪敘為主，那麼，若以一般的按章順節的「釋經講道」和教導模式來宣講和教導啟示錄，似乎就未必是最合適的了。從學者所提出的結構研究，宣講和教導的同道可以考慮，用啟示錄的視像組合，作為宣講或教導的單元，以突出其中的思想和主題。比方說，如果宣講者計劃以約十次的宣講為限，那麼每一次的宣講以一大單元為宜(例：以一次宣講處理「七印」的經文：啟四1～八1)。當然，如果宣講和教導的計劃比較詳細的話，也可以將大單元細分。然而，這樣的細分勢必有許多的重複，如果要貫徹到底的話，恐怕非要全年以啟示錄為宣講和教導的中心不可。不過讀者也應該知道，宣講的次數和時間拖得愈長，啟示錄信息的震撼力也相應地減少。學者們相信啟示錄的讀者／聽眾不可能分開幾次(更遑論十多次)閱讀／聆聽啟示錄；事實上，只有一氣呵成的誦讀和聆聽，才可以感受到作品的力量。如果今天的教會不容易以一氣呵成的方式吸收啟示錄的信息，宣講和教導的次數，應不宜太多太長，以免減弱啟示錄的信息。

從啟示錄宣講和教導：從神學主題思考

正如前文所述，啟示錄全書的結構和發展既然不以文字的意念鋪敘為骨幹，宣講和教導就不宜用按章順節的方式處理。除了以啟示錄本身的視像組合為宣講或教導的基本單元，以神學主題宣講啟示錄亦是一個非常合適的方式。以神學主題宣講的好處在於既能突出信息的中心，也不失特定主題在啟示錄裏的整全性。若以視像組合為宣講的進路，難免會有顧此失彼的情況。舉例說，如果以「七災」(啟十五1～十六21)的視像組合為宣講單元，宣講的中心不免因為經文的重點而重審判而輕救贖。這樣的宣講內容，嚴格來說還不能算是平衡的。但以神學主題作為宣講的框架，其信息自應有一定的整合性。最近基道出版社的《啟示錄神學》就為啟示錄的神學主題，作出精要的縷述。[28]

下列的神學主題，可供同道在宣講或教導啟示錄時作參考。[29]

1. 神的全能和超然

新約學者包衡指出，「啟示錄的神學是強烈地以神為中心……研究啟示錄必須從神開始，並應恆常地且最終返回神自身。」[30] 無可否認，聖經的作品以神為中心是再自然不過的事。但整體而言，啟示錄所昭示的神觀，也許是整部聖經的結晶。啟示錄所散發的神觀，閃礫著不同的色彩和光輝，有創造、眷守、救贖、審判、凱旋、大能、婚筵等等。最重要的，還是啟示錄的神並不是超然自足而不顧人間苦疾的神。從始到終，啟示錄宣告的信念和盼望是，神顧念並將要救贖祂所創造的一切。

2. 敬拜的意義

在啟示錄裏，神人間正確的關係以敬拜的語言和場景來表達。敬拜在啟示錄裏的重要性，由此可見。對啟示錄的作者而言，敬拜是不折不扣的政治行為，其中所牽涉的是對生命的主權、立場、價值和方向的認信和宣告。對一世紀的受眾來說，敬拜神／基督實在是向呼喚、誘惑甚至威逼人膜拜的權勢和偶像宣戰。二十一世紀的信徒，縱使未必生活在逼害中，也需要通過啟示錄認清誘人的權勢和偶像。

3. 基督徒抗爭的力量和勇氣

啟示錄的政治和社會背景，對於今天大多數的信仰羣體而言，可能未盡適切。因為一世紀信眾所面對的處境和挑戰，並非今天大部分教會所能理解的。而啟示錄裏鼓勵信徒與權勢和偶像抗爭的主題，往往也就消弭於無形。在這方面，在安逸處境下生活的教會，固然可以向第三世界的信徒學習，[31] 但啟示錄的提示，亦適切於面對形形式式的「偶像」和「權勢」的現代教會。

4. 現世與末世

啟示錄對天地創造和歷史的看法是首尾一貫的。整個創造的根源在於神，而歷史的進程和方向亦繫於神的管治和帶領。儘管邪惡勢力真實又猖獗，神終歸還是要將凱旋帶到祂的創造裏。這樣的信念，將現世和末世緊扣在一起。啟示錄裏對世界權勢的批判，並不就嘉許信徒分離遁世的思想。

5. 神義與末世

也許正因啟示錄的受眾正在經歷邪惡力量的煎熬，作者將歷史和世界的邪惡赤裸裸地呈現在讀者／聽眾眼前，好讓他們不會低估當時信徒所面對的挑戰。然而，受苦的信眾該怎樣了解張狂的邪惡勢力？神的工作和計劃在哪裏？神義(theodicy)絕對是個嚴肅而又真實的問題。正如一位學者所言:「啟示錄的作者，將神義論收納於終末論內。」[32]

6. 見證的意義

從啟示錄的內容可見，神國建立的旨意，是與基督徒的見證(殉道)密切不分的。換言之，基督徒的現實生活和服膺神的旨意，是最具體地表達神國度的見證，也是擊打謊言和抗拒權力誘惑的能力：「基督徒見證的基本形式，不能被別的方式取代，乃是對神的國度忠心到底。在無能力的見證中，真理的能力彰顯其打敗謊言的能力。」[33]

從啟示錄宣講和教導：一些實際的建議

上述的探討，為啟示錄的宣講和教導，提出了一些建議。除此以外，同道亦可考慮以一次過的方式演繹啟示錄。事實上，啟示錄的原讀者／聽眾，極可能在敬拜的處境場合，一次過地聆聽啟示錄的宣讀或演出。[34] 再說，正如前文所述，啟示錄以語言技巧的運用，突顯視像和聲音的感染力。今天的教會，可以藉影音和顯像科技，設計一個特別的敬拜聚會。重新演繹啟示錄，讓會眾再一次感受和經歷啟示錄的能力和視像。

敬拜的設計和演繹，自不可缺乏音樂的運用。事實上，韓德爾(Handel)膾炙人口的《彌賽亞神曲》，有幾個段落就是演繹啟示錄而聞名的，其中有「哈利路亞大合唱」(Hallelujah Chorus)、「羔羊是配得稱頌的」(Worthy is the Lamb)等。其效果和成就，自不必筆者贅言。音樂的形式是多元化的，除了經典的聖詩，也有詩歌是從草根甚至受壓層的角度表述啟示錄的信念的。美國黑奴時代的歌曲就是箇中的代表。[35] 華人聖樂往後的創作，實在可以考慮在這方面發展的可能性。

結語

啟示錄在基督教會的地位，向來讓人感到尷尬的。一方面，它不如保羅書信或福音書等在講台或主日學教室受重視。另一方面，坊間有關啟示錄的講座，卻吸引許許多多的人，甚至包括教會以外的人。無疑，啟示錄的文體和語言是讓人感到困惑的。但它以激盪力所盛載的神學和信息，卻是絕不能讓人將之束諸高閣的。

附錄：有關從啟示錄宣講及教導的書籍

包衡著，鄧紹光譯：《啟示錄神學》。香港：基道，2000。

張永信：《啟示錄註釋》。香港：宣道，1990。

Beasley-Murray, George R., *The Book of Revelation.* NCB. London: Marshall, Morgan & Scott, 1974.

Boring, M. Eugene, *Revelation.* Interpretation: A Bible Commentary for Teaching and Preaching. Louisville: John Knox Press, 1989.

Blevins, James, *Revelation as Drama.* Nashville: Broadman Press, 1984.

Fiorenza, Elisabeth Schüssler, *Revelation : Vision of a Just World.* Proclamation Commentaries. Minneapolis: Fortress, 1991.

註釋：

1 路德在其翻譯的德文聖經中指出「啟示錄裏看不到基督或有關的教導……我也會對這卷書不耐煩。」另一方面，路德卻認為啟示錄頗有警醒和應許之用。見路德為啟示錄作之序，於《路德全集》35:410。引自Craig Koester, ‘Revelation and the Millennial Hope’, in *Dialog* 37 (1998. 4), 253。

2 在芸芸眾新約作品裏，加爾文獨沒有為啟示錄寫註釋。由此可見其對啟示錄的立場。

3 如D. H. Lawrence, 'Apocalypse'，載*Apocalypse and the Writings on Revelation,* ed. Mara Kalnins (Cambridge: Cambridge University, 1980), p. 66。羅氏批評啟示錄的內容充滿憎恨和惡毒。近年也有女性主義的學者，非議啟示錄的內容貶抑婦女。見Tina Pippin, *Death and Desire: The Rhetoric of Gender in the Apocalypse of John*（Louisville: Westminster/John Knox, 1992）, p. 70。

4 見周兆真，〈千禧年解釋——回顧與再思〉，《建道學刊》12（1999，219～230。這種以臆猜將來為解讀啟示錄的進路，當然也見於西方社會，其遺禍亦不小，詳見下文。

5 部分內容引自孫寶玲，〈閱讀啟示錄新方略〉，《基道閱讀》，十五期（2000），4～5。

6 就新約作品體裁和處境的關係，參D. E. Aune, *The New Testament in its Literary Environment* (Philadelphia: Westminster, 1987); 亦見其著*Prophecy in Early Christianity and the Ancient Mediterranean World* (Grand Rapids: Eerdmans, 1983); 及'The Social Matrix of the Apocalypse of John'，載*Biblical Research* 26 (1981); 此外亦參頁16～32; 'Early Christian Apocalypticism: Genre and Social Setting'，載*Semeia* 36 (1986)。

7 Brain E. Daley, 'Apocalypticism in Early Christian Theology', in Bernard McGinn ed., *The Encyclopedia of Apocalypticism,* vol.2 (New York: Continuum, 1999), pp. 29～31.

8 Daley, 'Apocalypicticism in Early Christian Theology'.

9 B. McGinn, 'Apocalypticism and Church Reform 1100～1500', in *Encyclopedia of Apocalypticism,* 2:79ff.

10 Paul Boyer, 'The Growth of Fundamentalist Apocalyptic', in Stephen J. Stein ed., *The Encyclopedia of Apocalypticism,* vol. 3 (New York: Continuum, 1999), pp.140～178.

11 Mitchell G. Reddish, 'Reclaiming the Apocalypse', in *Perspectives in Religious Studies* 24 (1997), 127.

12 在國際局勢以外，啟示錄亦在其他方面常遭誤解。十多年前香港教會裏就有傳言，說北美某廠商的商號暗藏「666」撒但的代號。在其他方面過去幾個月也有人發放電郵，以種種複雜和隨意(arbitrary)的方法，算出某電腦商人為「666」撒但之子。然而，基督徒必須要清楚思考，這些近乎荒謬的臆測，究竟是否符合啟示錄的寫作目的。另一方面，基督徒亦要謹慎，避免成為商業競爭的工具。Sephen D. O'Leary, 'Popular Culture and Apocalyptic'，載 *The Encyclopedia of Apocylapticism,* 3: 392～426。

13 Lawrence, *Apocalypse and the Writings on Revelation,* p. 61。參前文註3。

14 Stanley Porter, 'The Language of the Apocalypse in Recent Discussion'，載 *New Testament Studies* 35 (1989), 582; Allen Dwight Callahan, 'The Language of Apocalypse'，載 *Harvard Theological Review* 88 (1995. 4), 454。

15 Callahan, 'The Language of Apocalypse'.

16 E. Schüssler Fiorenza, 'Revelation', in Eldon J. Epp & George W. MacRae, eds., *The New Testament and Its Modern Interpreters* (Philadelphia: Fortress Press, 1989), p. 417.

17 參孫寶玲：〈聖經評經法在宣講上的影響和應用〉，載《山道期刊》2 (1998. 11), 110～114。

18 Christopher R. Smith, 'The Structure of the Book of Revelation in Light of Apocalyptic Literary Conventions', in *Novum Testamentum* 36.4 (1994), 373～393。

19 Smith, 'Structure of the Book of Revelation'.

20 例Charles H. Giblin, 'Recapitulation and the Literary Coherence of John's Apocalypse', in *Catholic Biblical Quarterly* 56 (1994), 79～95。

21 Giblin, 'Recapitulation', 81～95。

22 見M. Eugene Boring, *Revelation,* Interpretation: A Bible Commentary for Teaching and Preaching (Louisville: John Knox Press, 1989), pp.30～31。

23 Adela Yarbo Collins, 'Revelation to John', in *Harper Collins Bible Dictionary* (San Francisco: Harper Collins, 1996), pp.930～932.

24 見Elizabeth Schüssler Fiorenza, *Invitation to the Book of Revelation* (Garden City, NY: Doubleday, 1981), p. 7; 亦見其著 *Revelation: Vision of a Just World,* Proclamation Commentaries (Minneapolis: Fortress, 1991), pp. 35～36。

25 Charles H. Talbert, *The Apocalypse: A Reading of the Revelation of John* (Louisville, KY: Westminster/John Knox, 1994), p.vii.

26 參Wilfrid J. Harrington, *Revelation*，載Sacra Pagina 16 (Collegeville: Liturgical Press, 1993), 22～23。

27 這不表示說，啟示錄不是書信。啟示錄的確是一封寫予受信羣體的「信件」。不過，它的形式是明顯與一般書信的格式有異。

28 參筆者撰寫包衡著《啟示錄神學》之書評，載《山道期刊》第六期（2000年5月），92～96。

29 就啟示錄的主題的現代意義，包衡有相當精簡的建議。見其著《啟示錄神學》，鄧紹光譯，(香港：基道，2000)，頁196～220。

30 包衡，《啟示錄神學》，頁32。

31 Allan Boesak, *Comfort and Protest: Reflections on the Apocalypse of John of Patmos,* in Reddish, 'Reclaiming the Apocalypse,' 129; Pablo Richard, *Apocalypse: A People's Commentary on the Book of Revelation* (New York: Orbis, 1995)。

32 'For John, theodicy is swallowed up in eschatology'，引自Reddish, 'Reclaiming the Apocalypse', 132。

33 包衡，《啟示錄神學》，頁218。

34 以話劇形式表達啟示錄，可參James L. Blevins, *Revelation as Drama* (Nashvillle: Broadman Press, 1984)。

35 Reddish, 'Reclaiming the Apocalypse', 133; James Preston Byrd, Jr. 'The Slave Spiritual as Apocalyptic Discourse', in *Perspectives in Religious Studies* 19.2 (1992), 206.

緊扣時代 服事教會

以文字傳揚基督真道

讀者意見表

衷心多謝你購買本社書籍。本社一直致力以出版事工服事教會，幫助信徒扎根於神的話語，促進靈命增長。為使我們的出版更能滿足你的需要，請填寫下列各項資料，並寄回或傳真予本社。

所購書籍：______________________

本書最吸引你的地方：

□作者　□適切性　□文筆　□設計　□實用性

□其他：______________________

購買本書地點：

□基道書樓　□基督教書店　□非基督教書店

性別：□男　□女　職業：______________________

信仰：□基督徒　□非基督徒

年齡：□ 16 歲或以下　□ 17～25 歲　□ 26～35 歲

□ 36～55 歲　□ 56 歲或以上

學歷：□中三或以下　□中五　□預科

□大學　□研究院

□我欲更多了解基道出版社的事工及考慮支持，請寄給我下列資料：

□機構簡介　□新書資料　□基道會員通訊

□《基道文字事工通訊》

姓名：______________________電話：______________________

地址：______________________

____

傳真：______________________ 電子郵件：______________________

其他意見：______________________

____

多謝賜教！

意見表可以傳真（2687-0281）或直接郵寄以下地址：

香港沙田火炭坳背灣街26號富騰工業中心1011室

基道出版社編輯部收